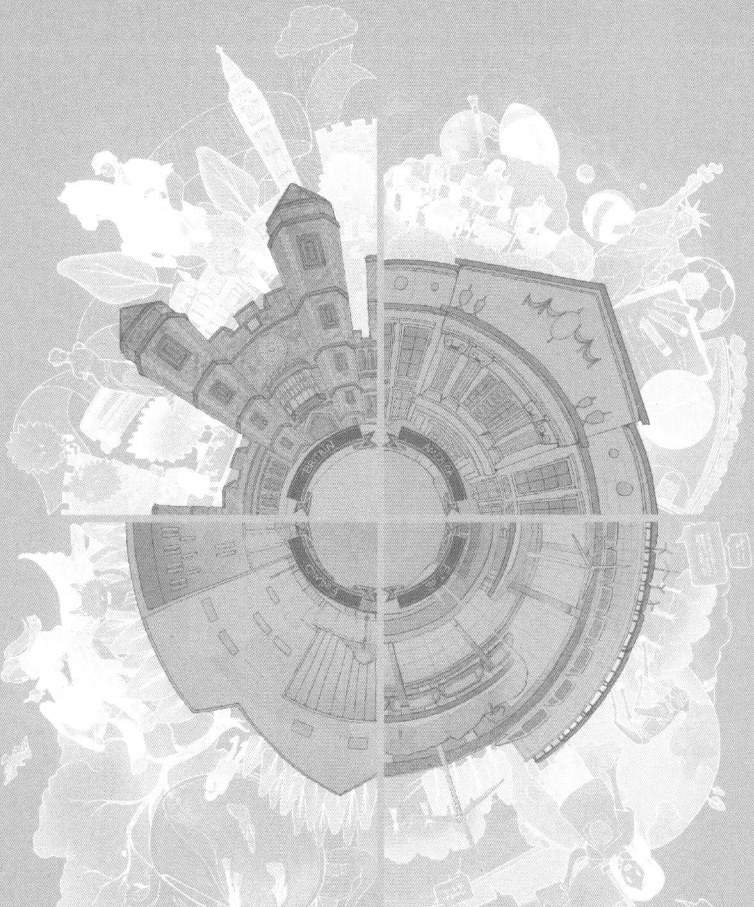

不一样的中学

贾冬婷 等 著

生活·讀書·新知 三联书店　生活書店 出版有限公司

Simplified Chinese copyright ©2024 by Life Bookstore Publishing Co., Ltd.
All Rights Reserved.

本作品版权由生活书店出版有限公司所有。
未经许可，不得翻印。

图书在版编目（CIP）数据

不一样的中学 / 贾冬婷等著. — 北京：生活书店出版有限公司，2023.11
　　ISBN 978-7-80768-419-0

Ⅰ.①不… Ⅱ.①贾… Ⅲ.①中学教育—教育研究 Ⅳ.①G632.0

中国国家版本馆CIP数据核字(2023)第120385号

插画：分峪

责任编辑	程丽仙
封面设计	赵　欣
内文制作	朱丽娜
责任印制	孙　明
出版发行	生活書店出版有限公司
	（北京市东城区美术馆东街22号）
邮　　编	100010
印　　刷	北京启航东方印刷有限公司
版　　次	2024年4月北京第1版
	2024年4月北京第1次印刷
开　　本	635毫米×965毫米　1/16　印张12.25
字　　数	150千字　图4幅
定　　价	58.00元

（印装查询：010-64004884；邮购查询：010-84010542）

目 录

序　　　　　　　　　　　　贾冬婷　　　　1

Part 1 英国公学：以"全人教育"为基因　　001

1 去英国读中学，精英之路？　　003
2 英国公学考察：绅士成长体系　　011
3 一个英国家庭的择校样本　　030
4 中国少年在伊顿　　036

Part 2 美国中学：从"绅士"到"自由人"　　047

1 博雅教育与"新精英"　　049
2 美国私立高中考察：博雅教育的视野　　056
3 一个美国家庭的多重教育环境选择　　080
4 中美教育：孔子还是苏格拉底？　　088

Part 3 芬兰中学：既卓越又平等   097

   1 世界上最好的教育？   099

   2 不争第一的芬兰教育：少即是多   111

   3 一个芬兰家庭的简单幸福观   123

   4 无处不在的自然教育   133

Part 4 未来学校：面向未来的颠覆教育   149

   1 成为"未来之人"   151

   2 加州颠覆教育：科技、创造、不确定性   155

   3 传统向左，创新向右：中国教育的可能性   172

   4 未来学习法则   180

参考书目   187

序

在全球化减缓甚至逆行的时代，国际化教育还有多少参考价值？

那么多个国家，那么多所中学，到底哪里的教育最好？应该送孩子去哪儿上学呢？

自从几年前开始报道国际中学教育，我就不断收到朋友们关于类似问题的询问。如果你也有这样的期待，那么很抱歉，我可能很难提供一份精准的择校指南。

但是，如果你认为世界不囿于一套约定俗成的规则，下一代依然要有海纳百川的文化杂食能力，依然要思考更大的问题，依然要在一个更大的世界里扮演角色，那么，进入这些不一样的中学故事，或许可以帮你换一种视角，从而更理智地反观自身，回到教育塑人的本质。

回想2015年这组报道开启之时，我刚刚成为两个孩子的妈妈。作为20世纪80年代出生的独生子女，了却了让下一代相伴长大的夙愿，但另一重焦虑又接踵而来。学区房、择校、鸡娃、内卷……各种高频词蜂拥而至，似乎一个孩子的成长路上已经被预先设置了重重障碍。我很困惑，为什么压在独生子女一代身上的"直升机式育儿"，在 30 多年之后仍在重演，甚至愈演愈烈了？如果说我们的教育供给数量和质量都显著提升了，那么又是哪里出了问题呢？

当时，一部 BBC 纪录片《我们的孩子足够坚强吗？——中式教育》正激起人们对中西教育模式的热议。仅从一部让中国老师走进英国中学课堂的真人秀中无法得出中西教育模式孰优孰劣的结论，更重要的是一种比较视野。普遍认为，中式教育更倾向于应试教育，眼睛向上看；而西式教育则推崇全人教育，典型代表就是达·芬奇，他是科学家，也是艺术家、作家，还对运动感兴趣。

探究不同教育模式的分野，12 岁到 18 岁之间的中学阶段无疑是最关键的。这一阶段将跨越青春期，突然升腾的热血刺激着新的"社会人"的发展。不同模式的教育对这一阶段巨大能量的激发，也将在很大程度上决定一个人的未来。

于是，带着借镜他山之石的想法，《三联生活周刊》从 2015 年起开启了国际中学系列报道，历时四年，去不同的国家，深入一所所学校、一个个家庭，探究四种典型的中学教育模式。第一站的考察对象是英国的公学，之后去探究美国东海岸的博雅教育，第三年转向倡导知识经济的芬兰，最后一站是探索美国西海岸更具实验性的未来教育。

回到那个最初的问题："世界上最好的学校"在哪里？其实，看得越多就越觉得，所谓最好的教育、最好的学校，是个伪命题。各个国家的中学教育各有千秋，但也有殊途同归之处。

我们的考察从英国公学开始。这固然跟那部 BBC 教育纪录片有关，也是出于对公学这一延续了 600 年、独特的"绅士培养皿"的好奇。惠灵顿公爵曾在打败拿破仑之后说过一句名言——滑铁卢战役是在伊顿公学的操场上打赢的。夸张一些的说法是，在近现代，只有英国人培养出了一个精英阶层，它不是贵族，也不是中世纪的骑士，而是绅士。如今，全英仅有1%的中学生可以进入公学体系就读，这些堪称绅士摇篮的学校大都聚集在以伦敦为中心的新英格兰地区，我们去拜访了其中的10所。进入内部，可以如显微镜一样窥见精英培养的"全人"目标如何达成，以及基于博雅教育基因的成长体系如何精细化运转。当然，维多利亚时期的尖顶大宅、黑色燕尾服、独特的姿势和腔调，无不强烈地展示出公学的阶层分化作用，未来绅士们在传统中被塑造，也不断塑造着传统——"天将降大任于斯人"的使命感。

进入20世纪之后，发源于英国的古典博雅教育在专业化教育一路高歌之下步步退却，而在新大陆的美国得以复兴，并完成了向现代教育的转型。这一转变是如何发生的？又如何席卷全球？我们选取了美国东北部新英格兰地区的7所寄宿制私立高中进行考察。博雅教育在其中的宽广度和挑战性令人惊异：锻造批判思维和人文视野，孕育下一代创新者，培养领导力，激发世界公民意识，向自然学习……在一个个课堂上，我们深切感受到博雅教育在美国的转变，不仅是教育对象的转变——从"绅士"到"自由人"，更是教育目标的转变——从"雅"到"博"。在流动性增强的当下，"通才"显然是比"绅士"更务实的教育理想人格。

英美两大教育模式辐射面最广，但如果将视野打开，就不得不提及芬兰。各种国际排名一再验证，这个北欧小国摘下了教育超级大国的桂冠。最权威的是在经合组织（OECD）发布的国际学生评估（PISA）中，芬兰中学生近几十年来一直名列前茅。更出乎意料的是，芬兰的学校都是公立的，而且不论是在赫尔辛基市中心的创新学校，还是在偏于一隅的林间或乡村学校，学生所接受的教育极为均衡，学校间成绩差距仅在 5% 上下，没有"好学校""差学校"之说。可以说，芬兰中学教育是既"卓越"又"平等"的。

这么惊人的成就是怎么实现的呢？我们在探访一所所学校后发现，芬兰教育中颇受瞩目的关注多元特殊学生的"全纳教育"，以及重视自然感知力的自然教育里面，都藏着这一问题的答案。一言以蔽之，就是芬兰教育与全球主流教育模式背道而驰，走了一条"少有人走的路"。他们不依赖于标准化教程和标准化考试，而认为学生的内在动力才是促进转变的必要条件。因此，芬兰教育改革的目标是最大限度地以学生为中心，构建学校、学生和教师共同创造的学习共同体。可以说，芬兰经验更关注平等与合作，而不是抉择与竞争。当然 PISA 的排名会有所波动，但教育专家们认为，这就像测血压一样，可以让人警惕健康状况，但并非长期问题。更关键的问题是，既然信息技术的急速发展已经预示了未来人才的结构性变化，甚至一半以上的职业都将不复存在，不如就去着力培养一种应对变化的能力。

所以，目前芬兰教育的一个焦点是促进"横贯能力"，就是在现实生活中解决问题所需要的态度、知识和技能，并通过跨学科学习和现象教学向传统学科教学渗透。让我印象很深的是一份对赫尔辛基两万多个家庭的调查，得出芬兰父母对孩子五个方面的核心期望：有自己的兴趣爱好，有自己的朋友圈，熟悉当下的知识和技术，每天有两个小时的户外运动，一家人在一起吃饭。看上去实在朴素又简单，但仔细想想，其中蕴含着"少即是多"的哲理。

芬兰中学教育改革中积极探讨的面向未来的目标，已经在美国西海岸的硅谷如火如荼地实践起来了，而且这股"未来教育"之火也在向全世界蔓延。如何定义"未来之人"？传统教育模式要如何随之革新？我们去了未来教育的前沿地带硅谷寻找答案。探访中发现，这一轮改革大多是在体制外萌发的，先行者都是传统教育的"局外人"，但也正因如此，他们天生带着颠覆性思维。在他们看来，这是对科技的快速发展尤其是人工智能替代人这一可能性做出的回应。未来无论是知识还是体力，机器都可以提供，那么外部化的东西就无法再依赖了，只有人的天性才有更大价值。

硅谷新教育家们从三个方面——科技、创造、不确定性——颠覆着旧教育。比如科技，就是充分利用科技手段搜集学生学习的数据，用算法进行分析和个性化推送，彻底打破传统的标准化教学和评估模式。他们认为，如果学习的安排都不是个性化的，就很难建立健全、自主的人格。当然新教育实验中也伴随着各种争议，如教师、人工智能和学生角色的重新界定，面对面授课的减少带来的有效性问题，以及秩序消解之后如何学会把握自由，等等。不过其中最根本的一点是，这些实验性探索或许不会达成一种静态稳定，在不断变化中获得动态稳定才是未来。

这组历时四年的国际中学系列报道，倾注了《三联生活周刊》很多同事的心血。第一站英国公学考察由我、苗千和李菁在2015年合力完成，第二年我和龚融、杨文轶去探访了美国东海岸的博雅教育，2017年我和丘濓去芬兰寻找其教育既卓越又平等的秘密，最后一站颠覆性的未来教育，则在2018年由刘周岩去美国西海岸采写。

正如未来的教育模式一直在动态中摸索，我们也希望，对于各国中学教育的探究是持续的、开放的，没有高下之分。中国教育身处孔子式的环境，深受儒家思想推崇道德、勤奋的影响，但不妨去看看另一种苏格拉底式的启发式教育。毕竟，真实的世界不是一个解题装置。无论何种教育模式，回到原点，都是为了培养人——培养人的善良、同情心、热情、责任感、活力、创造力、独立性。这些无形的特质，才是人之为人的意义所在。

贾冬婷

2024 年 1 月

Part 1 英国公学：以"全人教育"为基因

一所公学就是一个微缩版大英帝国：维多利亚时代的尖顶大宅，黑色燕尾服白色衬衫的装束，独特的姿势和腔调，在时间和空间上似乎都与现实保持着距离。未来的绅士们在这里被传统塑造，也塑造着传统——一代代"天将降大任于斯人"的使命感。

摊开英国地图明显可见，公学在以伦敦为中心的英格兰南部分布最为密集。这是因为英格兰南部人口稠密，加上18、19世纪英国向海外扩张，将大量行政和军事人员派往国外，在伦敦周边建立了大量寄宿学校满足其子女的教育需要。

本章考察的10所学校就集中在这一带，从伦敦坐火车一两个小时可达，包括：地位卓然的伊顿公学（Eton College），历史悠久的坎特伯雷国王学校（King's School, Canterbury）、温切斯特公学（Winchester College），环境幽雅的斯托公学（Stowe School）、伊斯堡公学（Eastbourne College），锐意改革的惠灵顿公学（Wellington College），注重海外扩张的墨尔文公学（Malvern College）、德威公学（Dulwich College），女校唐屋中学（Downe House），科特迪斯莫尔预备学校（Cottesmore Prep School）。

1 去英国读中学，精英之路？

英国的中学沿袭双轨制，划分为公立和私立两大类。公立学校包括综合中学、现代中学和文法学校。其中，文法学校（Grammar School）是英国最古老的一种中学，它为从 GCSE（General Certificate of Secondary Education）考试中脱颖而出的入学者提供学术性课程，其中的大多数学生都准备升入大学，在公立学校中地位超然。现代中学（Secondary Modern School）则以完成义务教育为目的，入学者大部分是社会下层子女，学校为学生提供所谓"走向生活的准备"，年限也较文法学校少两年，16 岁即直接就业。而综合中学（Comprehensive School）则是消除不同类型学校之间壁垒的产物，它是目前公立学校的主流，在校生占英国中学生总人数的 85% 左右，招收一切适龄儿童。在低年级阶段，所有学生接受的教育内容都是一致的，共同学习一般的文化科目。但到了高年级，学生就被分为不同的班组：有的侧重学术与科学课程，日后将参加公共考试，进入大学深造；有的则侧重工艺与技术培训，准备离校后就业。

与公立学校相对的是私立学校，目前英国有 3000 多所，习惯上称为"独立学校"（Independent School），可以招收国际学生。私立学校的教学和招生自成一体，水平也明显高于公立学校，但高收费就把大部分孩子隔离在外，全英仅有 7% 的中学生可以进入。公学则是私立学校体系中的佼佼者，仅有上百所，通常来说历史更悠久，收费更高昂，多为寄宿制学校，通常实行男女分校。

公学：精英的培养摇篮

即使在最宽泛的定义下，在公学就读的学生也只占全英中学生的 1%，但这一体系堪称精英的摇篮。英国学者戴维·博伊德（David Boyd）曾这么定义精英："精英群体应具备以下一些特征：职位高，比例小，社会地位高，生活方式独特，具有群体意识和集体凝聚力，排外而不自封，乐于和敢于承担责任，有道德责任感，拥有各种权利。"公学毕业生显然符合。

据统计，全英只有 1% 的学生可以进入剑桥、牛津大学，而公学的顶尖大学入学率却可以过半。英国从 1721 年第一任首相至 20 世纪 80 年代共计 50 位首相中，有 33 位曾就读于九大公学，占总数的 67.3%。仅以伊顿公学为例，1/8 的国会议员、1/3 的内阁大臣、伦敦大公司 1/3 的董事皆为该校校友。

尽管公学制度因强化阶级分化而饱受抨击，但客观来看，也是由于这一精英阶层的稳定性——其内部没有那么急切的上升欲望，精英的生产才能够从容不迫地向着更加精细化方向运转。

关于公学精英培养的成效，惠灵顿公爵曾在打败拿破仑之后说过一句名言：滑铁卢战役是在伊顿公学的操场上打赢的。虽然这话有点胜利者自鸣得意的夸张，但是1974年时任法国文化部部长的作家安德烈·马尔罗（André Malraux）在接待来访的英国旅行作家布鲁斯·查特文（Bruce Chatwin）时，对此做了遥远的回应。马尔罗谈及当时西方文明所面临的严重危机时说，当务之急是对人的改造，古罗马人能在数世纪的时间里统治如此广袤的疆域，全靠罗马造就了大批优秀人才。他认为，在近现代，只有英国人像罗马人那样培养出了一个精英阶层，它不是贵族，也不是中世纪的骑士，而是绅士——英国绅士是西方文明最伟大的创造之一，而公学则是绅士的产生机制。

为什么英国公学持续培养出了一个绅士阶层？

这要回溯到它的起源。公学的历史可以追溯到1382年的第一所公学——温切斯特公学，它是在欧洲黑死病肆虐的背景下创立的，旨在提供一所供70名贫困学生、牧师学习神学、教法和民法的学校，为教会培养神职人员。它与其他地方性文法学校的区别是：面向贫民子弟，面向全国招生——这也是"公学"之名的由来。

直到18世纪下半叶，公学因声望上升、资源紧缺，才由免费教育变异为贵族学校。因显著的基督教背景，培养基督教绅士是公学一以贯之的目标。17世纪的启蒙思想家约翰·洛克（John Locke）在他的《教育漫话》中系统阐释了基督教绅士的培养方法，也奠定了近代英美教育思想的基石。洛克将培养青年绅士视为教育的首要目的。他所设想的绅士需要事业家的知识，合乎其地位的举止，同时要能按照自己的身份，成为有益于国家的人。为了达到这一目的，绅士必须具备强健的身体，而且必须集德行、智慧、礼仪及学问于一身。在一系列训练中，洛克认为健全的体魄最重要，其次是德行，知识则没那么重要。他的观点对公学实践产生了深远影响。

洛克在《教育漫话》开篇就谈及体育的重要性："人生幸福有一个简短而充分的描述：健全的心智寓于健康的身体。"这一思想对公学的影响极大，体育占据了学生的大部分课余时间，成为"没有列入课表的必修课"，而体育项目的数量、层级、成绩也让公学和公立学校拉开了距离。

他其次强调了德行。"德行比人情世故更难获得，年轻人一旦丧失了德行是很少能再恢复的。儿童的心理和礼貌的形成需要不断注意，因此应针对儿童个性特点采取相应措施。"受其影响，公学开始推行小班上课，以满足个别教学的需要。在课程的设置上，公学更注重古典课程和宗教课程的道德熏陶作用，以及课外活动的才能训练，以使学生养成上流社会需要的风度礼仪。而为了贯彻性格陶冶的原则，寄宿制也是公学的一大特色。

在一系列的绅士培养目标中，知识和技能是最不被洛克看重的。他认为，一个绅士与其做一个良好的逍遥学派或笛卡儿学派的学者，远不如精通古希腊、罗马作家的作品来了解人类社会的生活，成为一个有德行、懂得人情世故和有礼仪的人来得重要。因此，在19世纪以前，培养具有健全体魄、注重德行修养的绅士是公学的唯一目标，也是适应当时英国贵族阶层的一种培养目标。20世纪之后，科学技术迅猛发展，在强大的政治压力和社会压力下，公学也开始重视科学教育和学术能力的培养，"牛剑"（牛津和剑桥）升学率逐年升高，公学的绅士培养目标的内涵也有所拓展。

可以说，绅士培养的核心与其说是教书，不如说是育人。全人教育（Holistic Education）——培养全面人格的绅士——一直是公学的基因。曾经在哈罗和墨尔文公学任教多年的庞辛认为，在所有衡量公学的指标中，公学系统内部并不看重的就是 A-Level（英国大学入学考试）排行榜上的名次，因为排行榜的唯一标准就是考试分数，根本不能体现全面的品质教育。伊顿、哈罗和墨尔文等老牌公学都不参与排行，可见一斑。

2015 年开始担任伊顿公学校长的西蒙·亨德森（Simon Henderson）对排行榜就极为反感，他坦言："作为学校，如果你的考试成绩名列前茅，那么未来的大门就向你的学生敞开。但这是有代价的，当他们走出这扇大门时，他们的个人和职业是否幸福和成功，很大程度上要取决于考试成绩之外诸多方面的训练和教育。"这些考试之外的训练，更多体现在我们传统认为的"副科"中，比如体育、音乐、艺术、戏剧。

让庞辛遗憾的是，远赴英国读书的中国留学生的父母们往往只看排行榜，而且大多选择在第六学级（the sixth form）入学。这一学级是公学里的最后两年，注重学术性，素有"大学预科"之称。这一选择看似投入产出比很高，因为优异的理科基础，以公学为跳板的中国学生很多能够如愿升入"牛剑"。但是，第六学级主要以升大学为目的，课程专门性强，很多"副科"都削减了。"那些科目正是与培养创造力、批判性、自信、领导力更相关的部分。某种程度上，这些孩子没有享受到公学的精髓之处。"庞辛说。

公学：英国阶层的分化器

世界上可能没有其他任何一个国家的民众如英国人一样关心和热衷于谈论自己在社会中所处的阶层，并且持之以恒地对"上流社会"的生活充满好奇。在这个国家，一个人的口音、穿着，就读过的学校，甚至是走路的姿态,无不暴露出他所出身的家庭和所处的阶层。在英国,社会的不同阶层之间区别显著,要想跨越不同阶层之间的界限,或只是保住自己所处的阶层优势,都不是一件容易的事情。教育在英国社会的阶层分化和固化过程中起到了至关重要的作用,牛津、剑桥等大学固然是英国精英们的大本营,但相比于大学,英国诸多著名的私立公学,早早就起到了筛选出英国精英阶层的作用,堪称英国社会阶层的分化器。

在牛津大学或是剑桥大学的校园里,偶尔会走过一些看上去非常posh(时髦)的学生,他们都穿着略显随意的西装外套,或许还配上一条短裤,表情显得轻松自信。这些学生很可能来自公学,有些学生还会穿上一件更为醒目的蓝绿色的西装外套,这就更为直接地表明自己的身份,这种被称为"伊顿蓝"的颜色正是大名鼎鼎的伊顿公学的象征。

"出身的社会阶层"在英国政坛始终是一个核心主题。相比20世纪60年代的英国,现在英国社会的政治风向远没有当时受民众自身阶层的影响深重。在20世纪50年代到60年代初期,英国的首相几乎全部出自伊顿公学。1964年,英国产业工人对工党的支持率高出保守党35个百分点,而非产业工人对保守党的支持率则高出工党39个百分点。而到了2010年,尽管产业工人仍然支持工党,非产业工人仍然支持保守党,但是其间的差距已经分别缩小到了15%和14%。

只有7%的英国人会进入公学学习,但是有1/3的国会议员出身于公学(1/4的国会议员从牛津或剑桥毕业),统计数字已经说明了公学在英国教育系统中的特殊地位。公学教育的优势不仅体现在政坛,也体现在英国社会的方方面面。44%位列英国《星期日泰晤士报》财富榜的富豪、43% 的报纸专栏作家、26% 的英国广播公司部门经理、71% 的资深法官、55% 的白厅高级秘书和 50% 的上议院成员，都出身于公学。

英国人对英国社会阶层分类的细化可能恰恰说明了人们对自身阶层地位持久性的担忧。英国广播公司在 2013 年发起了一项有 16 万人参与的英国社会阶层调查。该项调查显示，传统意义上工人阶层（working class）、中产阶层（middle class）、上层（upper class）的三分法已经无法适应当今的英国社会，只有 39% 的英国人可以被划分到这三个领域中。人们以前习惯以职业、财富和教育划分社会阶层，但是这种方法在当代显得过于简单，人们如今需要从经济层面、社会层面和文化层面这三个维度来划分一个人的阶层，即精英阶层（elite）、稳定中产阶层（established middle class）、技术中产阶层（technical middle class）、富有工薪阶层（new affluent workers）、新兴服务型工薪阶层（emergent service workers）、传统工薪阶层（traditional working class）和无保障无产阶层（precariat）。令人吃惊的是，处于社会最底层的无保障无产阶层占全社会人口的 15%，而且大约有 25% 的英国儿童被认为生活在贫困之中。

在由家庭、收入和教育等因素所区分的不同社会阶层之下，所隐藏的变量是能量与文化，这包括孩子父母对外界的影响，自身工作的自由程度，以及孩子在家庭中接受的学校所不能给予的教育，这对孩子的未来都有决定性的作用。只有身在较高社会阶层的家庭才能把孩子送进公学，还是进了公学才可以更容易地进入较高的社会阶层？这是一个鸡生蛋还是蛋生鸡的问题。英国中上阶层的家庭要想延续自身在经济和文化上的优势，私立教育系统正是其中的关键步骤——让孩子进入父母曾经就读的公学，进而进入一个好大学，得到一份体面的工作，环环相扣。正是因为如此，在英国申请工作，很多顶级企业都要求求职者们填写简历时教育背景须从自己就读的中学开始。

2014年，英国"社会活动性与儿童贫穷委员会"（Social Mobility and Child Poverty Commision）发布的一份报告指出，英国是一个"精英主义深重"的国家。在英国的"顶级职业"中，相对于普通英国民众，有相当多的人接受过私立教育。一项调查显示，在英国的13家顶级律师事务所、会计师事务所和金融公司所掌握的4.5万份"顶级工作"中，70%的位置被接受了私立教育的申请者得到。

在大学教育越来越普遍的情况下，英国的雇主们开始把目光从大学成绩单转向求职者的其他特质。相比公立学校更多地注重学生的考试成绩和升学率，目前在英国求职所需要的素质很大一部分属于私立的公学所特有的教育范畴，例如个人风格、口音、举止、适应性、团队合作能力，这些"软能力"被很多雇主认为是天才的标志。

想要延续自身阶层优势的英国中产阶层以及"中上阶层"家庭，正面临着越来越大的压力。声名远扬的老派英国公学越来越吸引来自世界各地的富豪，这使英国普通中产家庭的孩子进入公学读书的成本快速增加。在英国，把孩子送进伊顿公学读书曾经被看作是一个"阶级声明"，但是现在，把孩子送进一所著名的公学只是证明孩子的父母每年愿意花费超过英国人平均年工资的学费让孩子进入一个相对更好的教育环境中，更容易进入一所好大学。而在全球化的大背景下，孩子之后的人生打拼，可能会比他的父辈们更加艰辛。

（贾冬婷　苗千）

2 英国公学考察：绅士成长体系

2003年SARS期间，刚刚拿到大学毕业证的威廉·范伯根（William Vanbergen）买了一张便宜机票从伦敦飞往上海。当时SARS肆虐，大街上空空荡荡，经济低迷不振，他却决定趁机继续他之前一笔2000英镑的生意。他说："一个偶然的机会，有朋友问我能不能帮一个中国孩子申请白金汉郡的斯托公学，我就花了一天和那个孩子谈，告诉他怎么应对面试的一系列典型问题，如何全程保持脊背笔直，并且表现出对橄榄球的浓厚兴趣。后来这孩子如愿进了那所学校，他妈妈坚持要给我2000英镑作为酬谢。"

威廉意识到，中国富裕起来的人群迫切想要给孩子提供能力范围内最好的教育，这恐怕是深深根植在儒家文化土壤中的。这个伊顿毕业生借助强大的校友网络，更重要的是信心和冒险精神，先人一步开始了"将中国孩子送到英国读中学"的生意。

为什么读公学？

　　为什么富裕的中国父母要把孩子送到半个地球之外的英国公学接受教育？中英教育的差异体现在哪里？威廉认为，中国的公立教育并不比英国的公立教育差，中国有最好的应试教育。"如果把一个北京四中拔尖的孩子送到伊顿，他很可能会在数学上拿第一；但是把一个在伊顿成绩比较差的孩子送到北京四中，那他很可能会垫底。"威廉形容，中国的好学生大多数像是"竖直带状图形"，成绩突出，但其他活动基本不参与；而伊顿的学生大部分是"正态分布曲线"，成绩不错，其他方面也多有收获。因为英国公学没有单一的成绩压力，学生有很多时间用在体育、艺术、音乐、戏剧等活动上。这些活动关系到独立性、耐力、团队意识、领导力和创造力的培养，而这些都进一步关系到一个人的未来成就。而且，相比公立学校的自由，英国公学的纪律性其实更像中国的学校，日常管理有严格的时间表。所以威廉认为，如果想拿高分上好大学，那么应该留在中国；如果目标是长远的发展，那就应该来英国。

　　公学能够提供什么样的教育？威廉说，每个孩子都是一座金矿，最好的教育就是去找到金子，不断挖掘。私立学校的理念是，每个孩子的优势和不足都不一样，不能像传统教育那样以单一标准来要求，所以关键是"挖金子"，发现闪光点。私立学校会提供50种不同的活动，孩子每一种都可以尝试一遍，从中找到自己最适合的，建立自信，再努力去提升。"第一年是所有课都上的，从中选出自己感兴趣的和擅长的；第二年会做一些取舍；两年之后继续筛选，逐渐明确目标。"

在一种"全人教育"的理念下,公学学生不需要花太多时间在课堂上,而是更多用在运动、音乐、艺术和戏剧方面。在伊顿读书时,威廉每天下午都会运动5个小时,"3小时划船训练,1小时空手道或柔道,1小时举重或越野跑"。他至今难忘当时的伊顿校长艾瑞克·安德森(Eric Anderson)的一次讲话:"伊顿的教育发生在冬天。橄榄球场上寒冷、湿滑,但这里才是教育场所。想象你正在比赛,有一半的时间你都被对手撞倒在地上,全身快被撞碎了。另一支队比你们高大、强壮得多,你们队要输了。你要一次次挣扎着爬起来,想着怎么去赢回来。是坚忍不拔和责任感让你去鼓励队友,也鼓励自己。"

以基督教精神为本源的公学教育还伴随着奉献社会的使命感。11月初到英国的人多半会发现,人人胸前都佩戴着一朵小小的罂粟花,在阴冷多雨的冬天像是一簇跳跃的火焰。据说火红的罂粟花是最早在战场废墟上开出的花,人们会从月初戴到"一战"胜利日的11月11日,以纪念战争中牺牲的人们。各大公学也是标志性的纪念地,庞辛曾参加过学校的活动:

"教堂礼拜之后,大家聚集到教堂外有圣乔治高大威严塑像的台阶周围,全校老师身披自己毕业的大学学院院袍,列为两队,站在学生对面。校长的演说令人动容——他们永远不会老朽,不像我们留下来的日渐衰老;他们永远不为耄耋所难,永远不为残年所累。每当太阳落下,每当清晨来临,我们就会想起他们……"

这里的"他们",是在战争中为国捐躯的校友。两次世界大战期间,公学生是参战比例最高的群体,据统计,"一战"时有5619位伊顿人参战,其中1157人牺牲。"你看到这个场景,就会明白公学生的优越感从何而来了。"庞辛说。

公学基因

如果想寻找公学的精神源头,可以去看看全英最古老的学校——位于坎特伯雷的国王学校。据说它是 598 年圣奥古斯丁传播天主教时创办的,但严格说来,这所学校在初建的时候不是公学,而是一所教会学校,它与英国圣公会首席主教坎特伯雷大主教的主座教堂——坎特伯雷大教堂至今仍密不可分,它的变迁也折射出学校和宗教关系的变化。

"亨利八世的时候因为要改革天主教,教堂把土地卖给国王建学校,所以我们才有了'国王学校'的名字。从此学校脱离了对教堂的依附而独立,但教堂只是给了一个 500 年的契约,土地一直还属于它们。"刚刚开始读第六学级的女孩莱斯利说,脱胎于教堂学校的国王学校唱诗班一直很有名,被选进去是莫大的荣誉,会在外套外面加一件蓝袍。新任坎特伯雷大主教不像前几任那么喜欢他们学校,也不怎么来,因为他要表现得更亲民,不怎么愿意来私立学校。

事实上,虽然大多数学校自宗教改革以来就脱离了教会,但学校在早期仍起着为教会培养教士的功能。另外,作为一种慈善行为,教会一直是"贫穷儿童应该接受免费教育"的支持者。

1382 年创立的温切斯特公学被认为是第一所真正意义上的公学。当时由于黑死病肆虐,牧师严重不足,拥有巨额财富的温切斯特大主教威廉·威克姆(William Wykeham)创建了这所学校,旨在供 70 名贫困学生学习神学、教法和民法,它也是第一所独立于宗教机构的学校。

"公学"之名,意味着它的招生对象没有空间上的限制,也没有性质上的限制，同时也与当时很多贵族家庭的家庭教育形成对照。因为建校时的宗教背景，宗教仪式是温切斯特一直以来的传统，男孩们每周来这里做四次礼拜，威廉·威克姆最初设定的招收16名唱诗班男孩的传统也一直保留至今。

基督教和基督教道德一直是公学生活的一种强大凝聚力。毕业于马尔伯勒公学的尼斯比特（U. Nisbet）曾回忆1914年的母校情境："我尤其喜欢晚祷仪式，堂内那种宁静的美和男孩们的面孔，与悠扬的《希米恩之颂》吟唱声和圣诗的怀古召唤融为一体。我虽然已经远离了正教，却发现那种正统气氛中一些完好而永恒的东西。我很需要把它们带在身边去闯荡乱世。"

虽然被公认为第一所公学，温切斯特校长拉尔夫·汤森德（Ralph Townsend）却决心抛弃"公学"这个名字。"'公学'的说法过时了，'独立学校'更准确。"他的说法代表了一类学校的选择，因为公学这一名称带来了过于"势力"和"排外"的联想，公学开始将自身和其他私立学校一并称为"独立学校"，因为"独立"暗示着活力和创新。

温切斯特想去寻找由它开启的公学本源。拉尔夫·汤森德说："温切斯特和其他私立学校不太一样。从某种程度上说，我们仍是一所文法学校，智力资源是我们最重要的精神特质。"他是指温切斯特一直以来在A-Level排行榜上让人无法忽视的数一数二的位置，这让这所学校有了"注重成绩"的名声，还有与之相伴的高智商、重分析、擅辩论、偏于理性和冷漠的印象。这位不苟言笑的校长说，温切斯特从未有意培养那种传统意义上保守的社会精英，而是一个知识分子精英群体。"几百年来，这里都在生产牧师、法官和大学教授，而不是富商。但是现在，这类从事公共服务的专业人士，这些医生、律师、大学教授也都支付不起越来越高昂的私立学校学费了，这是违背'公学'建立初衷的。"

超越传统：伊顿和伊顿人

2015年9月，伊顿公学迎来了39岁的新校长西蒙·亨德森，这是有史以来最年轻的一位校长，显示了董事会要注入新思路的决心。这让人颇感好奇：这位年轻校长如何撼动伊顿公学延续了600多年的诸多传统呢？

如果说英国有一所公学是地位超然的，那毫无争议是伊顿。这所由国王亨利六世于1440年一手创建的学校，有着与生俱来的优越感。人们对出身于这里的人（Old Etonian，老伊顿生）也有种复杂情绪：这是一个由一连串闪闪发光的伟大人物（包括19位首相）编织而成的网络，连同他们的家族、权势、财富。"伊顿"是这个秘密社团唯一的通行证。

伊顿公学坐落在与温莎城堡隔河相对的位置。宽阔的泰晤士河流到这一带，变成了温柔和缓的涓涓细流，营造出宁静闲适的乡间氛围。跨过河上的温莎桥，就是伊顿公学的地盘了。远远看见一组白色大理石装饰、15世纪风格的红砖建筑群，这就是亨利六世初建的校园。一切都是历史，穿过白色方石框大门，是长方形的公学庭院，手持权杖的亨利六世雕像矗立在正中央，俯瞰着环绕四周的礼拜堂、塔楼、校舍，象征着他的建校理想：让伊顿成为一个朝圣教堂、救济院，以及为70名贫穷学生提供免费教育。学生们至今仍保留着从雕像右侧经过的习俗，以示尊重。

礼拜堂是精神中心，每天仍举行弥撒，不过中间通道十分窄小，几乎都被两侧唱诗班座位占满了；礼拜堂后面有一道小门，通向校长专用的讲堂。最早使用的校舍只有两间：低年级的"低校舍"（Low School）和高年级的"高校舍"（High School）。

低校舍共两层，二层至今还是 70 名国王奖学金获得者的宿舍；一层的教室低矮昏暗，不大的空间最早供三个班同时上课。木梁、长桌、条凳色泽乌黑，课桌上纵横交错地刻满了名字，有的已经刻出了深深的沟壑，据说这是学生们发明的一种游戏，让墨汁流过凹槽，看谁的比较远。相比低校舍，高校舍条件好多了，内部有一长串圆形拱门，曾被分成五间教室上课。但令人惊讶的是，这些最早的校舍仍在使用，并没有被当成古董供奉起来。

这个最早的校园是整个伊顿公学的基础，所以这里一直被称为"学院"（College），后来新建的教学楼和宿舍都围绕在它周围。学院宿舍也专供 70 名学生（Collegers）——如今的国王奖学金获得者使用，与其他 24 个宿舍的自费生分隔开。

在亨利六世最初的计划中，伊顿只面向贫困家庭招收 70 名学生，学费全免，毕业后直升剑桥大学国王学院，为他们铺好了成为未来栋梁的路。后来，伊顿公学名气越来越大，来自贵族家庭的自费生成了主流，但是 70 名奖学金获得者和"学院"制度仍延续至今，也是向历史的致敬。

公学改革之前，伊顿一度成了贵族专属。西蒙·亨德森一到任就表示，要继续加大助学金发放力度。"学校每年会拿出 650 万英镑用于发放奖学金和助学金，免除全部学费的 Collegers 增加到 73 名，还会发放助学金给另外 270 名学生，用于支付他们的部分学费。"

伊顿的传统无处不在。西蒙·亨德森并不打算颠覆传统,"但是,伊顿能够延续 600 年辉煌,并不是依靠因循守旧的"。他甚至考虑换掉那身维多利亚时代的燕尾服——往往被认为是与传统的物理联系,这即使在公学体系里也显得不合时宜。他称之为"将伊顿带入'真实世界'"。

宿舍生活:集体与等级

寄宿制是公学的一大标志。最初的公学开启了招收外地学生的先例,寄宿制免除了路途遥远的不便,也为学生的身心发展带来了难以估量的教育价值,逐渐成为惯例。这种特色如此重要,以至于最早的"九大公学"中的两所走读学校一度被排除在公学之外。我们在考察中发现,因为不同学生选课不同,公学中没有固定班级,宿舍就成了各自独立的基本单位。一般每个宿舍都由各自舍监管理,有自己的专用餐厅,与其他宿舍开展各种比赛。可以说,一所宿舍既是一座实在的楼房,又指一个特定的群体和一种意识。

在坎特伯雷国王学校,莱斯利带我们参观了她的宿舍 Bailey,建于维多利亚时期。因为年代久远,楼梯和走廊都十分窄小,厨房、卫生间和浴室都是公共的。每个房间大小不同,都以一个杰出女性的名字命名,莱斯利的房间是"奥黛丽·赫本"。低年级只能六个人住一间,也是强制适应集体生活的一种方式。到了高年级,比如她在第六学级的第一年,就可以两个人一间,最后一年可以分到单间。走廊墙上贴着一些留言条,她说,这都是正面的评价,谁对你好就写一下。还有的学校有一种封闭的箱子,叫"问题箱"(Worry Box),可以匿名投诉

莱斯利的日程表

- 7:00　　　　　起床铃响
　　　　　　　　盥洗 + 早餐 + 早祷

- 8:30　　　　　开始上课
　　　　　　　　3 节课 +20 分钟茶点时间 +2 节课

- 12:30-13:30　　去宿舍食堂午餐

- 13:30-18:00　　课外活动或体育活动

- 18:00-18:30　　吃茶点

- 18:30　　　　　晚自习（低年级上 3 节）

- 23:00　　　　　熄灯（低年级宿舍 22 点熄灯）

一些欺凌事件。

寄宿生活有严格的时间表。不同的宿舍还有不同的规章，有些涉及在公共区域看电视的时间和次数，或涉及每个年级、每个人在宿舍里的义务，比如低年级学生要负责打扫宿舍卫生，在餐厅里摆放餐具、上菜、收拾盘子和餐具等。类似的等级制度延续至今，也是最初的服务和服从意识的养成制度。

"我们有反欺凌服务，每两年还有一次不记名调查。不过更重要的是一种前期干预，比如品德教育。"惠灵顿公学负责教牧关怀（Pastoral）的德莱斯（Delyth）老师认为，品德教育在寄宿制学校更容易推行，白天学生享受课堂知识，晚上又都集中在同一个环境里，这是一个全天候的教育模式，贯穿整个中学阶段。"从低年级开始，先教他们如何在一起生活，如何尊重和包容别人，而且强调集体运动和体育的重要性。到了高年级会有更高等级的学习，比如如何控制欲望和诱惑。我们的方法是，在课程开始前，在每个人桌上放一个棉花糖，你可以选择现在吃它，但如果选择在这节课结束后再吃的话，我会再多奖励一个。这是'棉花糖实验'。现在最令他们分心的是手机，我们会要求他们学习时将手机收起来，或者当成棉花糖来看待，这个过程也很有意思。"

"让孩子们有家的感觉很重要。"科特迪斯莫尔预备学校的年轻校长汤姆·罗杰森（Tom Rogerson）的祖父、父亲都曾是这儿的校长，现在是他。他熟悉这里的每一个学生，叫得出每个人的名字，他们父母、兄弟姐妹的名字，甚至狗的名字。对这些小学阶段住宿的孩子来说，这种家的感觉尤其重要。

幸福课

去惠灵顿公学之前看到一张照片：707名在校生紧挨着躺在学校庭院中，每一个血肉之躯代表一位在"一战"中阵亡的前惠灵顿公学学生。这是惠灵顿公学2014年11月初阵亡将士纪念日时的一幕，这种独创的戏剧化方式令人震撼。

"惠灵顿公学是一所富有创新力、想象力的学校，一直保持先锋状态。"2015年刚刚离任的前校长安东尼·塞尔顿（Anthony Seldon）告诉我们。他2006年接手惠灵顿时学校还在内外交困的泥沼中挣扎，而2014年已经被 Talter 杂志评选为年度"英国最好的公学之一"以及"英国最具前瞻性的学校"。关键的转折点，是安东尼·塞尔顿来到惠灵顿公学后推广的"幸福课"（Well-being）。

"在我长期从事私立教育的职业生涯中，我发现大多数学校并没有注意学生心理和精神健康问题，而这是一个必须被更严肃对待的问题。"塞尔顿校长说，"工厂流水线式的学校教育方式已经将学生和社会分离开来，我们更多的是帮助塑造学生的精神个性。"

20世纪90年代开始，英国开始实施国家课程和标准评估测试系统。塞尔顿一直在批评英国政府成绩至上的倾向。他认为，这种做法使民众对学校、教师和校长的信任度降低。学习成绩具备一定的重要性，但需要在成绩与学生发展之间找到平衡。"目前英国考试评比系统并没有改善英国的教育系统，反而令现在的老师们注重教学大纲以及教学生如何考试，教学中的创造性和自发性都消失了。最失败的是，课程的设置并没有探索如何让学生成为一个完整的人。"

"幸福课"并不是一个新鲜的概念。1999年开始，哈佛大学率先在全球范围内开设与幸福相关的课程，将束之高阁的心理学科学与普罗大众连接得更紧密。惠灵顿公学推行的幸福课，则是试图在学校小范围解决"幸福感"这个问题。在越来越注重成绩的社会氛围中，塞尔顿仍力排众议在惠灵顿公学内推行了这项课程，虽然他也意识到了风险——幸福感无法像成绩那样有快速、直观的衡量效果，而培养一个人的幸福感也将是一个缓慢的过程。

当时，惠灵顿公学内已经有了英国教育部门推行的PSHE（Personal，Social，Health and Economics）课程，这门课程被定义为"帮助儿童和年轻的个人得到充分发展，并能很好地和家庭、社会融合"，但因为不是必修课，没有达到预期的效果。塞尔顿2006年就任校长后，将之改革为"幸福课"，将原来的灾难应对变为一种更为积极的事前干预方法，希望学生知道如何健康地生活，如何在学术道路上做出选择，以及如何更好地应对有可能面临的挑战和危机。

"反思是幸福课的重要环节。"副校长罗宾（Robin）介绍，每天学校里都有两分钟的冥想时间，学生和教职工们利用这个时间进行自我反思。低年级学生在每周参与"幸福课"时，会在教课老师带领下进行15分钟的冥想。除此之外，每周的教堂集会也有反思训练的环节，通常为一小时。

一堂典型的"幸福课"是什么样子？罗宾强调，就是老师与学生之间交心式的讨论过程。罗宾有4个辅导学生，他一般的方法是，问问他们最近的生活，鼓励学生们分享他们的想法，他再给予反馈，也会举一些其他人的案例，讲述故事里的人是如何处理压力的。"其中的重点是，我不会告诉学生们'必须要怎么做'，而是用一种更微妙的方式展开讨论，让他们独立做决定。回到最开始的话题，我们的哲学是让学生对今后的生活有充足的准备。"

"我们不会说'这个孩子真聪明'，而是问'这个孩子哪些方面比较聪明'，因为每个孩子都是聪明的，只是展现的方式不同。我们相信，每个人的智力都可以划分为八个向度：道德、精神、逻辑、语言、体育、文化、社会和个人。"罗宾告诉我们，在面向长久幸福的人本教育理念下，惠灵顿公学将"全人教育"的课程目标也分散到八个向度中，每一门课都不会只对应单一的方向。"总会有些意想不到的惊喜时刻，比如当学生在橄榄球场上培养了品德，或者在数学课上意识到美的时候。"

惠灵顿公学引以为傲的体育并不仅仅是关于体能和竞赛的。体育老师史蒂夫（Steve）向我们解释，学校有28个不同的体育项目，他希望每个人都能从中学习、享受、展示——这三个词代表了惠灵顿体育的目标。他说，每个孩子都存在一个挑战极限，会根据他们的不同情况设置不同的难度，有国际比赛、校际比赛、宿舍间比赛，让所有孩子都能参与，以此让学生在体育中学到的组织能力、创造力、决策力等都能转换到课堂中甚至生活中去。

每个级别的体育活动都包括指导环节和训练环节，史蒂夫采用的是 80/20 法则，也就是 80% 的时间是学生参与，20% 的时间是老师指导。"我指导时不谈论输赢，输赢是关于结果的，我不在乎结果。因为这也不是最终结果，这只是人生中的一小部分。比赛总有失败的时候，失败后分析为什么会这样，分析后，再重来一次。"

性别之争：男女分校还是混校？

坐落于一座全英最高级别的公爵府邸内，四周被 750 英亩的公园绿地环绕，斯托公学看上去是那种墨守成规的贵族学校。"我们只有 92 年历史。"校长安东尼·瓦勒史坦纳（Anthony Wallersteiner）更愿意强调它的年轻和开放精神。2003 年，瓦勒史坦纳一上任就大刀阔斧地开启了混校改革，他开始在斯托公学的第六学级招收女生，2007 年时又扩大到全校范围。"有些人的思维已成定式，他们更相信现在是好的，而不会听取别人提出的可能更好的选项。在英国更是这样，很多人坚守传统，认为男校或女校是更有历史的，所以不愿意改变。一开始确实会面临许多阻碍。"

最早的一批公学都是纯男校，直到 17 世纪初，英国才开始有一些女生寄宿学校。19 世纪 30 年代，一些以研究学术为目的的女校开始出现，并在1850至1910年迅速增加。20世纪60年代公学改革期间，男女混校的建议开始逐步提出。直至本世纪初，英国一些公学开始了由单一性别学校向男女混校的实质性转变。赞成男女混校制度的观点认为，男女混校能为孩子们将来融入这个社会更好地做准备。

惠灵顿公学前校长安东尼·塞尔顿也是男女混校的力推者。在他2006年上任之后，惠灵顿也全面推行了混校制。他认为："教育的目的是引导孩子出众，如何出众？是挖掘孩子不同的智力和天资来成就每一个孩子。创造性智力的发展同时需要来自男性和女性的观点，个人、社会、精神和道德的发展也同样需要。"

男女混校的趋势，给了人们更多的选择权。但是，在英国一些传统公学里，仍然坚持男校制度，比如伊顿、温切斯特和德威。温切斯特公学校长拉尔夫·汤森德认为，保持一个单纯的环境，可以让男孩子最大限度地保持纯真，学校也会获得更好的学术成绩和社会发展。

相比男校，女生接受分开教学能获得更好的学术成绩，也成为一种流行观点。女校在全英私校排行榜上的傲人成绩似乎也很有说服力。比如2014年A-Level排名全英第三的威克姆阿贝学校（Wycombe Abbey School），达到A⁺和A的分数的比例为90.88%。该校校长威尔金森（Wilkinson）认为，许多心理研究证明男孩和女孩的发育时期不同，女孩子比男孩子成熟更早，所以对女孩子来说，先接受分开教育，直到男孩和女孩差不多成熟时是最好的。

位于伦敦西南肯特郡的唐屋中学，就是一所有100多年历史的代表性女中。据说学校所在地曾是查尔斯·达尔文（Charles Darwin）的家，而著名的《唐顿庄园》拍摄地也在附近。这座乡村学校仍坐落在它最初白色连廊围绕的方形庭院中，有特别的宁静氛围。校园里的女生们在这样素淡的背景中显得十分突出：深绿和白色细条的衬衫、深绿毛衣、深绿的短裙从腰到膝盖，再加上大红或深绿的长筒袜。从北京来的妮可（Nicole）调侃，红绿的搭配像棵圣诞树。她说，女校的好处就是不允许和不用化妆，可以不梳头、不在意自己的长相去上课。

女中有培养淑女的课程吗？另一个北京女孩王优不认同"女校课堂内容比较女性化，思路相对更单一"的观点，"我们学校提供舞蹈、烹饪、时装、平面设计这类课程，还开设了其他课程，比如DT(设计与科技)、电脑技术管理等，让我们可以充分开发自己在不同领域的兴趣。恰恰因为在女校，某些课程才不会被打上刻板的性别标签，我们才会选择任何想要选择的科目，不会因为'这是男生的科目'而却步。"

"探险者"

参观者很难不被德威公学新建科学实验楼里那艘<u>白色木船</u>吸引——船体表面有些剥落，船帆也破旧泛黄了，

> **TIP**
> ## 德威校友的南极探险船
>
> 这艘船属于探险家欧内斯特·沙克尔顿（Ernest Shackleton），并非复制品，就是1916年那艘传奇的James Caird。
>
> 欧内斯特是"德威人"中最有名的一位。1915年，他率领27名船员第三次远征南极，试图成为徒步横穿南极大陆第一人。他们的船在南极威德尔海面被冰块围住，28人在浮冰上漂流了18个月。为了求生，欧内斯特和5名船员搭着由救生艇改造的James Caird，冒险到1300公里外的南佐治亚捕鲸站求援。16天后，他们终于到达了岛上，但捕鲸站却在另一侧，而James Caird已无法航行，欧内斯特和两名同伴决定翻过冰天雪地的高山。不眠不休地走了36个小时，他们终于见到了人类同胞，最终28人全部获救。
>
> 尽管欧内斯特多次尝试都没能成功抵达南极点，但他这次失败的远征留下了一项重要遗产——率领27名队员在极地700多天的求生经历，创造了20世纪最激动人心的生还奇迹。
>
> 欧内斯特和James Caird将"冒险"和"诚信"展现得淋漓尽致，在教学楼里永久展示这艘船就是为了铭记这种精神。

但它就停放在这栋簇新的教学楼正中央,长长的桅杆一直伸到二层的玻璃天窗,被阳光照射得如有神性。看上去,不是这艘船作为科学楼的装饰品,而是新楼成为展示船只的博物馆。

与大部分公学不同,德威公学位于伦敦南郊,属于一座"城市学校"。我们在来德威的火车上,就遇到不少穿着德威校服的走读生,一大早往学校赶。这座绿色山谷中的庄园,是著名的莎士比亚悲剧演员和剧院经理爱德华·艾雷恩(Edward Alleyn)在1619年买下的,由一所医院改建为学校。就任德威校长6年的斯宾塞博士(J. A. F. Spence)有种轻快随意的风格,他说,德威接近城市,也不是历史最古老的公学,反而让它没太多传统包袱。斯宾塞校长并不是典型的公学出身,他中学就读于一所公立文法学校,之后曾任伊顿公学学院的舍监——那里一直是70名国王奖学金获得者的住所,也就任过乡村公学的校长,现在则在一所城市公学。

不同类型学校的经历也让他在德威倡导一种更加开放、更加多元化的风格。"将近400年来,德威一直为不同背景的孩子提供教育。我们喜欢不同肤色、种族和阶层的混合,目前大约有30%的学生有国际背景——某种意义上可以叫作'彩虹学校'。因为在未来不能只向内看,也要向外看。我们不关心你从哪里来,我们关心能从你那里学到什么。"

承袭了欧内斯特南极探险的冒险精神,德威公学很注重海外扩张。特别是在亚洲,首尔和新加坡各开办有一所国际学校,中国则更多,北京、上海和苏州都有国际学校,还在苏州和珠海开设了面向中国学生的学校,教授与英国对接的A-Level课程。德威和中国的关联显而易见,在斯宾塞博士的校长办公室正中挂着"领导"和"师长"两块牌匾，据说是几年前在北京工作的儿子送的。

　　斯宾塞校长认为，中国的力量正在崛起，这种和亚洲特别是中国的关联也是培养学生国际化视角的一部分，中式教育和英式教育其实可以彼此借鉴，一味对立不利于中英教育的交流。他曾带德威英国学校的数学老师们去参加上海的数学培训项目，因为觉得中式数学教育更有效，比如更加严格的教学和考试。反过来，中国孩子可以从英式教育中得到什么呢？他认为，是学习的广度、灵活性以及思辨能力，就像中国的孔子和西方的苏格拉底。"孔子的方式是一步一个脚印的，学习、测试，循序渐进。而苏格拉底呢？是辩论。我有一个想法，我和你分享。可能我的想法是不成熟的，但是你给我一个反馈，我从反馈中学到东西，再反馈给你，辩论便如此继续下去。"

　　"中国教育中的好学生，往往是某一方面特别拔尖。西方人则推崇那种什么都会一些的人，典型代表就是莱昂纳多·达·芬奇，他是科学家，也是艺术家、作家，还对运动感兴趣。"斯宾塞以德威的"全人教育"（Holistic Education）为傲："德威的课程也是联合课程。音乐、运动、戏剧、探险、慈善，共同组成了这一联合体系。只是有的考试，有的不考试罢了，但是孩子们从这两类课程里都能学到东西。课程表之内的课程和之外的课程同样重要，所以，我们不叫'额外课程'，而叫'联合课程'。"

跟着迈克尔去上课

迈克尔（Michael Yu）是个 16 岁北京男孩，初中被送到一所招收中国学生的国际学校，因为家离德威北京学校很近，这使他最终决定申请德威英国学校。2013 年上半年，迈克尔进入德威英国学校，目前（指 2015 年接受采访时——编注）选课非常宽泛，必修课包括数学、化学、生物、物理、英语语言和英语文学，选修课需要选一门第二外语，还要在艺术和人文类课程中做出选择。他选了西班牙语；因为觉得自己不擅长艺术，所以他选修了历史和地理。等 2016 年升入准备升学考试的第六学级，选课范围将削减到三到四门，他可能会选数学、经济和历史。

生物课

内容：关于 DNA 和基因的入门知识
地点：新科学楼

这是一间容纳十几个学生的教室，课桌和实验台连成一体，便于学生们分组实验。

路易莎老师先抛出一些有趣的互动话题，比如："蠕虫基因组中有多少基因？果蝇呢？人类呢？"这激起了男孩子们的兴趣，答案五花八门，而最后公布的数字比他们想象的多得多。之后，老师大致介绍了 DNA 的结构，要求大家分组完成一个 DNA 模型。

迈克尔和其他三个男孩一组，拿到了几袋不同颜色和形状的糖：黏性的小熊糖、扁形的草莓棒，还有棉花糖和牙签。他们商量了一下，两条草莓棒显然是DNA双螺旋结构的外壁，中间粘上小熊糖和棉花糖，代表基因的不同结构，再旋转一下，双螺旋造型就呈现了。

先完成的小组开始在教室里互相炫耀，兴奋不已。

迈克尔说，这节课告诉了他基因的结构到底是什么样的——那些无法在日常生活中见到、只有通过显微镜才能观察到的东西。自己动手做DNA模型加深了印象，而且模型还可以吃掉，这让它变得更有趣。

英语文学课

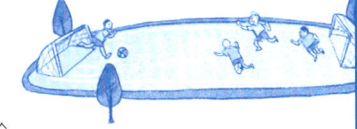

内容：有关《杀死一只知更鸟》的讨论
地点：距新科学楼5分钟的另一栋教学楼

《杀死一只知更鸟》这本写于20世纪50年代的著名美国小说是贯穿一学期的课程内容。在这节课上，娜塔莉老师让大家找出小说中有关恐惧和勇气的场景。男孩子们的发言和讨论很激烈，但课堂秩序井然。围绕一些主题词找出书中的场景，是这门课的一种典型方式，目的在于体会作者如何表达自己关于理想社会的观念。

迈克尔很喜欢主角阿提卡斯试图捍卫黑人这段。其他的陪审团成员都是白人，只有他一个黑人，通常人们会放弃，因为他们知道会输掉官司，但阿提卡斯尽全力试图捍卫这个人，他做那些他认为正确的事情，即使与多数人的意见对立，并有可能导致自己受到迫害。迈克尔说，如果他遇到这样的情况，他希望自己也能这么做。

（贾冬婷　龚融）

3 一个英国家庭的择校样本

家庭所在地：
英格兰最南端伊斯堡公学附近

成员：
爸爸凯斯（Keith），荷兰人，眼科医生
妈妈王元，中国人，政府部门职员
大女儿朱丽叶（Juliette），11 岁，2016 年初参加中学预考
小女儿麦乐迪（Melody），6 岁

　　英国的私立学校自成一体，一般来说，从一入校到 2 年级（4—7 岁）是幼儿园阶段，3 年级到 8 年级（7—13 岁）是小学阶段，9 年级到 13 年级（13—18 岁）是中学阶段。女生可以在完成 6 年级课程后直升中学。私立学校在英国是一个自上而下的独立系统，每一个

阶段都是下一个阶段的预备阶段：小学是中学的预校——Preparatory School，幼儿园则是小学的预校——Pre-Preparatory School，环环相扣。

从幼儿园开始，王元的两个女儿就严格遵循这套体系。"读私立的父母们都要从一开始就考虑，哪个幼儿园可以让你的孩子上好的小学，哪个小学可以上好的中学，哪个中学可以上好的大学。这就是私立的游戏规则。"

他们完全不考虑公立学校，尽管读私立意味着每年3万多英镑的学费。因为凯斯是荷兰人，麦乐迪小的时候全家曾经在荷兰生活过一年，荷兰全部是公立学校，皇室子女也都和百姓一起读公立，朱丽叶当时就和荷兰小公主在一起打曲棍球。但是公立学校的一大问题是下午3点半就放学了，王元下午的时间基本就得照顾家庭，很不灵活。在英国读公立的问题更多，比如公立学校的欺凌现象，他们家所在的英格兰南部太"白"，朱丽叶又有一个中国妈妈，在公立学校很容易被欺负。

英国的阶级差异在中学阶段就开始显现出来。王元调侃，一个人是否公学出身，一望便知："Blazer（休闲西装）一打开，手插口袋里，说话拿腔拿调。"但阶层问题也很现实，"朱丽叶班上同学的叔叔就是刚当选的伦敦保守党候选人，他当年曾因嗑药被伊顿公学开除，不还是一样没有影响前程？"

伊斯堡是"老年人的城市"，冬天天黑得早，商店4点钟就已经全关门了，没地方去。朱丽叶和爸爸以前常在放学后，来伊斯堡中心的大饭店喝杯热巧克力，再慢慢走回家，这是他们的"父女时间"。

在英国，像凯斯这样有经验的专科医生年收入能达到10万英镑左右，是普通人的三四倍，王元在政府部门也有一份收入不高的清闲工作，所以他们才能让两个孩子上私立学校。"要有税前12万英镑的年收入，才能供得起两个孩子上私立学校。"王元算了一笔账，"私立学校小学阶段每年学费是 1.5 万到 2 万英镑，中学阶段 2.2 万英镑起，住校的话更高。那么，两个孩子从 5 岁读到 18 岁，总共需要花 60 万英镑左右，这还只是学费。如果算上其他杂费则更多，比如校服费，一套制服，冬夏两季的运动服，一周每天更换的衬衫、帽子、袜子，又得 1500 英镑。如果税前年收入有 12 万英镑，税后也就 9 万英镑左右。分摊到每个月，可支配收入是 8000 英镑。扣除两个孩子学费 3500 英镑，日常开支 2500 英镑，房屋贷款 1000 英镑，也就不剩多少了。每年还得带家人度个假啊。"王元做过统计，大女儿同一年级 43 个人，绝大多数家庭都是两个孩子，三个孩子的只有 14 人——"三个孩子，一条狗，一辆路虎，就是有钱人的标配了。"

对他们这样的中产阶级家庭来说，两个孩子读私立也是和体制斗争，所以她牺牲了去乡下买 100 万英镑大房子的机会，而做了更加稳妥的选择，在离女儿学校 10 分钟距离内买下两幢叠拼公寓，一套自住，一套出租，以备不时之需。

好在朱丽叶在私立学校适应得很好。她是圣安德鲁预备学校（St. Andrew's Prep School）自 1877 年建校以来唯一一个四项（学习、音乐、体育、艺术）奖学金得主。不过，因为时间实在排不开，放弃了艺术奖学金。获得奖学金为家庭省了一笔钱，学习奖学金就带来学费 20% 的减免，一年省下 4000 英镑，音乐奖学金也把小提琴的学费免了。朱丽叶对"你想去哪所学校"的回答是："Eastbourne College！别的学校可能排名更好，但是离家远，又是纯女校，那多没意思啊！"

王元给女儿选中学有几个原则。一是混校。女校固然会更针对女生性格特征来培养，但凯斯认为单一性别不够健康，"十五六岁应该和男生约会，犯错误也要早犯"。二是离家近，可以走读。如果姐姐住校，只能一周才见一次妹妹，甚至一学期才允许回家一次，对她们姐妹影响太大了。所以，尽管能进最好的学校，比如私立女校公认排名第一的博耐顿女校（Benenden School），但它是纯女校，又有阶级差异，也就不考虑了。

他们权衡的主要是两所学校：一所是目前的混校第一名，布莱顿公学（Brighton College），离家半小时车程，朱丽叶努努力能进去；另一所就是家门口的伊斯堡公学，也是她目前小学的中学部，进入更加顺理成章。

在安静的小城伊斯堡中心转，很容易找到这座与城市同名的公学。围墙外几栋两三层的红砖小楼，是独立的学生宿舍，围墙内则是典型的公学校园景致：辽阔的大草坪，中央一组壮观的维多利亚时期楼群。伊斯堡公学最值得骄傲的一点是距离壮阔的海边景致仅一步之遥。学校有600多名学生，来自中国的学生只有7个。相比其他一些略显矜持的学校，伊斯堡公学的校长西蒙·戴维斯（Simon Davies）明确表示希望吸引中国学生。他列举了学校的几大特色，比如突出的考试成绩、丰富多彩的活动、环境。

王元一家也对周边环境很满意："典型的城镇学校。没有大城市学校周边的嘈杂，也不是偏僻的乡村学校，还有一点人气，有一点生活。"所以，朱丽叶现在小学的校长劝她留在伊斯堡。他说，朱丽叶选布莱顿公学是"小鱼进大塘"，而选伊斯堡公学，则是"大鱼进小塘"，会游得更畅快。

与一般英国学校给人自由散漫的印象不同，虽然还在公学的预备小学阶段，但朱丽叶每周的日程安排已十分紧密。

朱丽叶的周活动表

每天早晨 8 点半进校，上午有学术课程，每周有排名，每两周有考试。此外——

- 周一　　校合唱团和戏剧排练，晚上郡乐团排练
- 周二　　小提琴课、乐团排练，晚上曲棍球加训
- 周三　　比赛日，由家长陪着去各个学校打曲棍球赛
- 周四　　声乐课、小提琴课、烹饪课
- 周五　　钢琴课、游泳训练
- 周六　　跳芭蕾
- 周日　　曲棍球训练

她刚刚过了两门乐器双五级，这个圣诞节一家人还要坐下来讨论要不要让她明年考音乐学院附中，考上的话每周六还要去上一天课，最大的问题是没时间训练。芭蕾是朱丽叶自己坚持要跳的："每周做饭和跳芭蕾，是我最快乐的时候，不需要练习，可以完全放松。"

朱丽叶从 6 岁开始进曲棍球队，是中场，应该会一直打到 16 岁。加入校队的好处很多。"如果只是学习好，体育不好，一定会被欺负。打球可以自我保护，更重要的是融入团队，球队队友关系比班级同学关系好得多，如果有人欺负你，一定有人出来保护。"事实上，女生打曲棍球，男生打橄榄球或板球，再加上每人两门乐器，是公学的必备技能。

因为每周三带女儿去不同的学校打校际比赛，王元几乎去过英国东南部所有的私校。"不是开放日参观，那只能看个表面，摸不到真实情况。比赛日看到的都是学校的日常，比如和孩子一起去学校食堂喝个茶、和其他家长边吃边聊，就什么情况都清楚了。"

王元认为，不要去看排行榜选学校，公学的精髓在于"软实力"，体育、音乐、艺术、戏剧。因为要给孩子全方位的尝试，让每个人都有发现和发展的机会。而私立相对于公立的优势也体现在这些方面，比如公立学校的体育受场地和设施所限，一般就是足球、游泳，私立学校则是橄榄球、板球、曲棍球，再好的还有马术、帆船。根据对英国历届奥林匹克冠军的统计也发现，47%来自私立学校。而很多私立学校的体育老师，也曾经是奥运选手。再加上在音乐、艺术、戏剧上的投入，等于把各种专业培训机构都集中到一所学校里。这些也是公学系统测评真正在乎的，每个队打了多少场比赛、取得了什么名次、排了几部戏剧、音乐有多少考级，这些都是考试成绩排行体现不出来的。

（贾冬婷）

4 中国少年在伊顿

中英跨国婚姻的特殊背景,使华山很早便有机会比较和体验英国顶级私立中学教育。两个儿子华天、华明皆毕业于伊顿,同时又都是体育界的明星人物,使外界对他们的成长故事又多了几重好奇心。在华山看来,两个孩子的伊顿之路各不相同,但幸运地,他们在伊顿完成了最重要的性格塑造。

初识伊顿

"伊顿?伊顿是什么?"这是华山当初听到这个名字的第一反应。

华山是1984年去的英国。天性热情开朗的他结识了很多好朋友,他偶然发现,许多好朋友都有一个共同点:毕业于伊顿公学。"我结婚的时候伴郎是伊顿生,后来华天的教父是伊顿生,他们从事不同的行业,有的是银行家,有的是学者,有的是作家,认识了一个又认识第二个……"华山无意中打入了"伊顿圈"。

听到朋友说伊顿是英国中学"最好的学校",华山忍不住好奇起来。想想自己，也算是"最好的学校"出来的。华山是一位地道的"红二代"，他的父亲华龙毅是中国人民解放军空军第一期飞行员，朝鲜战争中曾首创中国空军一战击落两架 F-80 美机的战绩，成为中国空军历史上第一位"特等功臣"，离开空军后任西北五省区民航局局长。华山从小在兰州长大，虽然不是祖国心脏，但享受的特殊待遇一点也不差，上的小学叫"兰州东郊小学"，是兰州军区的学校，招的全是干部子弟，华山自信条件不会比北京的小学差。

到英国之前，他只想过大学之间比如牛津、剑桥与中国最好的大学比较，还从来没有往中学那个层面想。好奇心驱使下，他让朋友带着去看看"英国最好的学校"是什么样子。"我去那儿一看，就被吓住了，条件、设施太好了！"华山回忆，参观伊顿让他印象很深的另一点是，学校对体能教育的重视，这一点与华山的理念契合。

1989年，华天一出生，华山夫妇立即给他报了名。其实妻子罗山（Sarah Noble）并不是那么支持这个决定，一是因为伊顿是所男校，另外，在一部分英国人眼里，伊顿公学有点王公贵族的味道。

按照程序报了名，再交一点费用之后，就是等消息。伊顿每年只招 250 个学生，每一个入学资格都要经过校方各种权衡才得以确认。"校方很认真，他们用自己的方法去了解孩子的情况，但不会告诉你他们是怎么追踪的，毕竟它是有将近 600 年历史的学校，他们有自己成熟的方式。"

华天当时在香港的一所澳大利亚国际学校读书。有一天，华山接到伊顿校方的信，说与华天的学校联系，希望校方提供华天在学校的一些背景资料，遭到校方拒绝，无奈之下找到华山，希望华山直接提供。华山找到学校，问为何拒绝给伊顿提供他们要求的资料，校方回答：伊顿要求我们提供华天的智商能力，我们澳大利亚人从来不测试这方面，这对孩子来说是一种侮辱。华山只好问："学校有哪方面的测试？"校方说有数学能力和语文能力的测试，华天的数学能力是0.3%，这是一个最高成绩；语文能力是5%，也是最高成绩。华山让校方把这个成绩转到伊顿。

收到相关资料后，伊顿在华天10岁那年发出了面试邀请。"确切地说，面试结束一个星期后如果得到伊顿公学入学官发出的'位置'确认保留函，就意味着孩子已被接受。"当时华天在伊顿的面试进行了整整一天，如愿以偿拿到了确认保留函；之后还有第二关。"等孩子13岁时，还要通过伊顿入学考试（Eton Entry），如拉丁文、数学、宗教、文学历史等。考卷被送到孩子所在小学，由校长安排一个星期的监考，这被视为一种荣誉。"华山解释，伊顿公学有自己的入学考试和评价系统，完全独立于公立教育系统。相应地，英国社会也慢慢出现了一些专门向伊顿输送学生的小学。

为了准备伊顿考试，2000年底，11岁的华天被带回英国进入一所小学学习。在2002年伊顿的入学考试中，华天的拉丁文得了满分。"他的拉丁文教师非常自豪地告诉我，两年前华天回到英国才开始学习拉丁文，后来当了科代表，伊顿的拉丁文试卷，别的孩子估计都看不懂，华天竟然考了满分！"华山提起这一点也满脸骄傲。

2003年9月，华天终于进了伊顿，这也算圆了华山的一个梦。

如鱼得水

华天在伊顿的生活是这样开始的：每天早上8点起床吃饭，半小时左右出门，第一件事是去教堂。伊顿公学有两个教堂，高年级一个，低年级一个。在教堂里未必要具体做什么，但伊顿生的一天都是从这里开始的。这也揭示出这些学校与宗教的特殊关系，因为伊顿开始就是神学院，宗教在学校扮演着特别重要的角色。

伊顿对体育教育的重视，是华山印象最深也是与他的教育理念最契合的一点。对他而言，伊顿最吸引他的地方，与其说这里培育出了20多位英国首相，不如说它是英国体育教育理念的集大成者。"不少体育项目最初是伊顿公学的学生玩的，伊顿公学一直坚持的体育教育理念也是英国人最推崇的，那就是体育对性格的塑造，体育的本质是人格教育。"

华山说，伊顿公学的体育课时与文化课时平分秋色，学生在体育课中强健体魄，也在体育竞技中培养自信心、团队合作和纪律性。"伊顿公学有8门必修课和27门选修体育课，每周的体育课程达到23小时，这些项目丰富得超过你的想象。必修课如足球、英式橄榄球、网球、板球、赛艇、曲棍球等，选修课就更多了，如排球、越野、登山、篮球、马球等。"

"一个house（学生楼宿舍）里有50个孩子，竟然能组织6个橄榄球队。能力好坏不重要，但是你必须要表现。每一个橄榄球队都有一个职业的老师在指导。那你想，25个house，得有多少队？伊顿有个球场，每到周六，除了学校与学校、学校与职业俱乐部比赛之外，其他就是伊顿的孩子们自己在比赛，他们叫作 fight for the colors ——因为每一个house都有自己的颜色，所以每个人都是为了颜色而战。"华山说，学生们经常打得头破血流，也毫不在意。只有这种激烈的身体对抗，才能产生坚强的体魄、顽强的意志。从华山的观点来看，这正是伊顿教育最成功的一点，也是中国教育缺乏的。

进入伊顿公学的第一个假期，罗山就为华天找到一对最好的马术教练——2005年国际马联马术三项赛世界杯冠军、国际马术三项赛骑手协会主席克雷顿·弗雷德里克斯（Clayton Fredericks）和他的妻子，2006—2007年大满贯（囊括了三场世界比赛难度最大的职业四星级比赛）获得者卢辛达（Lucinda）。克雷顿很快发现了华天成为职业骑手的潜质。

说到骑马，显然要归功于华天的妈妈罗山。罗山天性爱马，她怀孕7个月时还在骑马。后来，华天被问及"你什么时候有马感"时，他也学会了用中国人的词回答："胎教时就有了。"华天最初的马术启蒙始于北京。1995年，不到6岁的华天被送到石景山马术俱乐部开始骑马。6岁那年，华天随父母返回香港，接受了更为系统的马术训练。1996年，华天与十几位小骑手一起参加了在香港赛马会双鱼河乡村俱乐部举行的第一届香港少年马术赛。

体育，也折射了英国的社会阶层。华山用了一个词——阶级。"英国的体育项目大致分为四个阶级，足球是最基层的、蓝领阶级的运动，看看小鲁尼那身材就知道了；橄榄球是中产阶级玩的运动；板球是上层阶级（Upper Class）的运动；而马术三项赛呢，是统治阶级（Ruling Class）王公贵族的运动。"华山说。

在伊顿的周末、假期，华天把大部分时间都用于骑马，除了骑术，他还要喂马，打扫马厩，给马洗澡……"除了我宿舍的同学和要好的朋友外，几乎没人知道我是职业骑手。我尽可能把学校生活和骑手生涯分开，这样马术不会占据我的全部生活。"华天说。

在克雷顿的调教下，13岁的华天凭借优异成绩破格成为英国马术三项赛委员会注册职业骑手，打破了国际马联"16岁才可注册成为职业骑手"的惯例；15岁时成为最年轻的国际一星级骑手；16岁成为最年轻的二星级骑手，并于2006年5月代表伊顿公学在温莎皇家马术赛中夺得"女王杯"，英国女王破例为他颁奖；17岁时成为最年轻的国际三星级骑手。

华天在中国媒体的曝光率逐渐增多，尤其是2008北京奥运会之后，华天成了很多女孩子追逐的偶像。很多人直接写信到伊顿，学校起初还很纳闷谁是"HUA TIAN"。因为在伊顿，华天的身份是Alex Noble。不过，后来伊顿也很快知道了在中国大名鼎鼎的华天究竟是谁了，华天也成了伊顿的一个招牌，很多慕名到伊顿参观的中国家长，都会向校方问起与华天有关的话题。有一次，华山带了一个对伊顿有兴趣的中国人去学校参观，边走边讲，后来发现身后跟了好几个中国家长。"我走到哪儿他们都跟着我，还拿着笔记本记我说了什么。"人群中有人忍不住问华山的中国朋友："他对伊顿怎么这么了解啊？"当得知他是华天的父亲时，这些中国家长围住他要签名。

拒绝伊顿

1992年，华天的弟弟华明在香港出生。有了华天的经验，为华明报名、申请伊顿成了顺理成章之事。

2003年，罗山带着华明去伊顿进行了面试。不出意外，面试一结束，他们就接到伊顿的通知：这里有你的位置。没想到华明一脸严肃地对父亲说："我得认真跟你谈谈。"华山说："行，谈什么？"华明回答："我不去伊顿公学。"看到父亲惊讶的脸，人小主意大的华明说出他的理由：第一，伊顿是男校，"你觉得学校都是男孩子正常吗？"第二，伊顿规矩很多，"我是守规矩的吗？我哪像我哥呀？"——讲到这儿，华山实在忍不住笑了起来："实际上是他守规矩，他哥不守规矩。"第三，伊顿要收很高的学费，我可以考到不用交钱的学校。总而言之，华明郑重告诉父亲：我要是去伊顿公学，那是我一辈子的痛苦。

那时的华明似乎正陷于青春期的小叛逆。华山说，有一段时间，兄弟俩也说不出什么原因，突然"他就烦他哥，他哥也烦他"，继而不来往，这样的情况持续了三四年。回想那段时间，妈妈有点着急，心宽的华山却不以为意。

华明如此郑重地拒绝去伊顿，华山夫妇只好再去寻找其他学校。在伦敦南部有一家叫"基督医学院"（Christ's Hospital）的学校，建于1552年，男女混校，确切地说是一半一半，而且向全社会开放，按成绩考进去。华山夫妇带华明去面试了一次，结果第二周校长就回信强烈建议华明去他们学校，说华明在数学方面的才能非同一般。这一切让华山夫妇甚感安慰，他们期望华明在这里有一段快乐的生活。

2006年，华明进入基督医学院读书。起初一切都比较顺利，但渐渐地，华山隐隐感觉到有一些阴影：从一个父亲的角度，华山觉得儿子在那个学校过得并不是很开心，最明显的一点是华明不爱笑了，笑也是特别勉强的那种。

华明从小喜欢板球，打得也很好，小学时曾任板球队队长，带领学校赢得三连冠，"在整个地区就没输过一场"。可是这所学校是以橄榄球出名的，华明的特长没有得到最大限度发挥。有一次，华明组织他的第一场板球赛，是本校对阵另一个学校，结果自己的学校输了。比赛结束之后，华山为了安慰儿子，说请他去吃个中餐。在车里他就看见华明伤心得偷偷掉眼泪，还躲着不让他看到。这一幕让华山又心疼又后悔：伊顿就是板球的天下，如果华明当初进了伊顿，那他该有多开心！

华山开始有了给华明转学的想法。能不能转成先不说，首先得做华明的工作，但华明并不同意，这里毕竟有他相处几年的好哥们儿。"后来我才知道他有个女朋友在那儿"。华山大笑着说。

虽然华明对伊顿还是很抗拒，但到了2008年左右，华山的决心却越来越强烈。"那时候就考虑他在最后两年一定要转。"

华山表面上看是大大咧咧、豪放型的粗线条人物，但实际上关键时刻心细如发。他知道一放假儿子就抓不着了，所以他得赶紧预约"档期"。有一天，他假装不经意地对华明说："放假了，我请你度假吧。"华明欣然答应。华山让儿子选地方。华明问："意大利怎么样？"华山见儿子上钩心花怒放，马上回答："意大利？可以啊！你想去哪儿？""威尼斯。""可以！"

父子俩在威尼斯一共住了4天。华山找机会就给华明做工作，华明终于慢慢松了口，但他的条件是：如果换，就去伊顿公学。

这又给华山出了一个难题。伊顿入学就相当不易，何况像华明这种中途转学的，几乎没有先例。好在那时候华天还在伊顿读书，华山"以任何借口找校长，在校长面前吹小儿子"。伊顿每年第六学级的学生数是固定的，要转学进去，除非有其他学生转出去，这种概率几乎为零。华山也明白这个道理，但他不管，利用一切机会死缠烂打。校长只好说"那我们想办法看看"。华山又找到入学官，对方的回答永远是"对不起，我们没有位置"。

华山找了伊顿校长两三次，"我把校长上面的两位院长全给活动了"。想起这一段，华山笑称自己"脸皮厚"，"英国人爱面子，基本上做不到这一点"。他保持着一个月打一次电话询问的进度，人家告诉他没名额，他也不说别的，只是回答："不用抱歉，没关系，我等着。"华山的一个哥们儿是伊顿筹款委员会的主席，这个人是银行家，也是老伊顿生。华山又托他帮着游说。伊顿方面提出的条件是，如果要转学，华明在 GCSE 考试中至少要 6 个 A⁺。华山自信：这对华明来说，丝毫不是问题。

一进一出

2009 年，是华家的"考试年"——哥哥华天要参加进入大学的 A-Level 考试，这是英国高中生申请大学的重要考试，类似于中国的高考；华明则要参加他的 GCSE。华天还像平时一样毫不在乎，一直在一楼看电视，还经常被逗得咯咯笑；与凡事不放心上的华天相比，华明是"为了考试能不睡觉"的那种性格。晚上看新闻后，8 点准时到楼上房间，守着小台灯安静地学习，直到凌晨 1 点才熄灯。反倒是华山经常上来劝他"放松点"。

华明一共参加了 12 门、25 场 GCSE 考试，考了 8 个 A⁺、4 个 A。拿到成绩之后，华山赶紧给伊顿的校长写信，通报华明的成绩，然后又给校长秘书打了电话，一番解释，对方还是那个回答：不好意思，还是没位置。华山也继续说：没关系，我等。

一个月之后的某一天，华山突然接到伊顿通知，告知有华明的位置了。那时候华山已经为华明做了另一个人生规划：放弃英国国籍，加入中国板球队参加 2010 年广州亚运会。所以当时华山与华明正在台山一个乡村中学的水泥地上参加板球训练。

回城的路上罗山打电话过来，兴奋不已，但是转而华明就在电话里因为转学之事和母亲争起来了——他还是有点难以接受转学这个结果。放下电话后，华明突然哭了起来，华山从来没见过儿子这么哭，一时不知所措。华山带着华明去了香港，借着父子俩住在一起的机会，华山又继续做说服工作。有点被说动的华明半无奈地说："所有的安排，都是你的阴谋。"最后，华明告诉父亲：他决定去伊顿。

华明在伊顿住的 house 比较有名，叫庄园，因为威廉王子和哈里王子都曾住在那儿。虽然转学很顺利，但华山内心还是有些担心，因为华明在伊顿需要从零开始建立人际关系，而其他孩子已经有了 3 年的朝夕相处。华明在这里会不会被排斥？没想到舍监告诉华山：华明很快就成了这个学生楼的核心，业余时间大家都喜欢在他的宿舍里。"华明聪明，有种冷幽默，他要是给你开个玩笑，你得半天才能懂。"文化和语言上的差异让华山一时难以解释华明冷幽默的高明之处，但是又忍不住自豪之情。华明热爱的板球运动，在这里也找到了适合的空间。

每年伊顿会有一个 Leaver's Day，为这一年毕业的 250 个孩子举行毕业典礼。华明毕业时因为摔伤在学校多住了几天才搬走，离别那天，华明非常伤感，跟很多人拥抱告别。把所有的东西放到父亲车里后，他又很伤感地说了一句："以后的日子我可怎么过呀。"

儿子的"多愁善感"让华山更加确信自己当年的转学决定是英明的。华山认为伊顿生有一种"舍我其谁"的感觉，俗一点讲，叫"狂"。这是在该校 5 年教育时间中形成的一种特殊气质。一个数字能体现伊顿公学的传统与精神——两次世界大战期间，伊顿公学共有 3000 多名毕业生走向战场，其中 2900 人为国捐躯，他们的名字被刻在老学院几十米长的铜壁上，而伊顿公学每年只招收 250 名学生。

"某种程度上说，伊顿公学既是政治学院，又是军校，这 5 年把他们糅在一起、绑在一起，这是很特殊的一段经历。一个男孩子的 13—18 岁正是他性格成长的关键时期，5 年后出来，就真的打上伊顿的烙印了。"

家有两个伊顿生，华山不免被国内许多人咨询，该如何考虑申请英国私立学校。身跨两种文化，华山的感觉是，中国孩子是否适合伊顿是个问题。当年华天还在伊顿读书的时候，华山有一次曾问伊顿负责招生的一位资深工作人员，学校是否有中国孩子。对方回答，现在有四个中国孩子在伊顿公学，"但他们安静得像小老鼠一样"。

"伊顿在挖掘孩子的潜力方面独树一帜，但有的孩子性格不合适，也会觉得压抑，像著名诗人雪莱，在学校就被别人欺负，他总是觉得特别痛苦。内向的人在那儿很吃亏，一般被人看不起。如果体育不好，也会觉得被排斥在外。"华山说。

英语里有一个词 Old Etonian（老伊顿生），在一些圈子里成了彼此认同的纽带和标识。而 Famouse Old Etonian（著名老伊顿生）更是英国近代史上最令人向往的名单。自 1423 年开始，共有 700 位伊顿公学学生进入此名单。"80 后""著名老伊顿生"为 27 人，位列前两位的分别是威廉王子和哈里王子，最后一个是华天——华天是还未毕业就进入该名单的人。

（李菁）

Part 2 美国中学：从"绅士"到"自由人"

美国的中学教育分为公立和私立两种，私立中学占 20% 左右，又分为走读和寄宿。美国的私立学校体系和英国是一脉相承的。随着 17 世纪一批英国清教徒跨越大西洋来到美国，其母邦的教育体制也被移植到新大陆。进入 20 世纪，博雅教育（Liberal Arts Education）在美国得到复兴，而且完成了向现代教育制度的转型。这一转变是如何发生的？现代的博雅教育，或者与之相似的通识教育（General Education）如何从美国开始席卷全球？

根据排名和特色，本章选取了美国东北部新英格兰地区的 7 所寄宿制私立高中进行考察：康涅狄格州州府哈特福德温莎镇的卢米斯·查菲高中（The Loomis Chaffee School）、康涅狄格州法明顿的波特女子高中（Miss Porter's School）、新罕布什尔州康科德市的圣保罗高中（St. Paul's School）、康涅狄格州沃特敦的塔夫脱高中（The Taft School）、新泽西州沃伦县布莱尔镇的布莱尔高中（Blair Academy）、新泽西州海茨镇的佩迪中学（Peddie School）、马萨诸塞州州府波士顿的温莎女子中学（The Winsor School）。

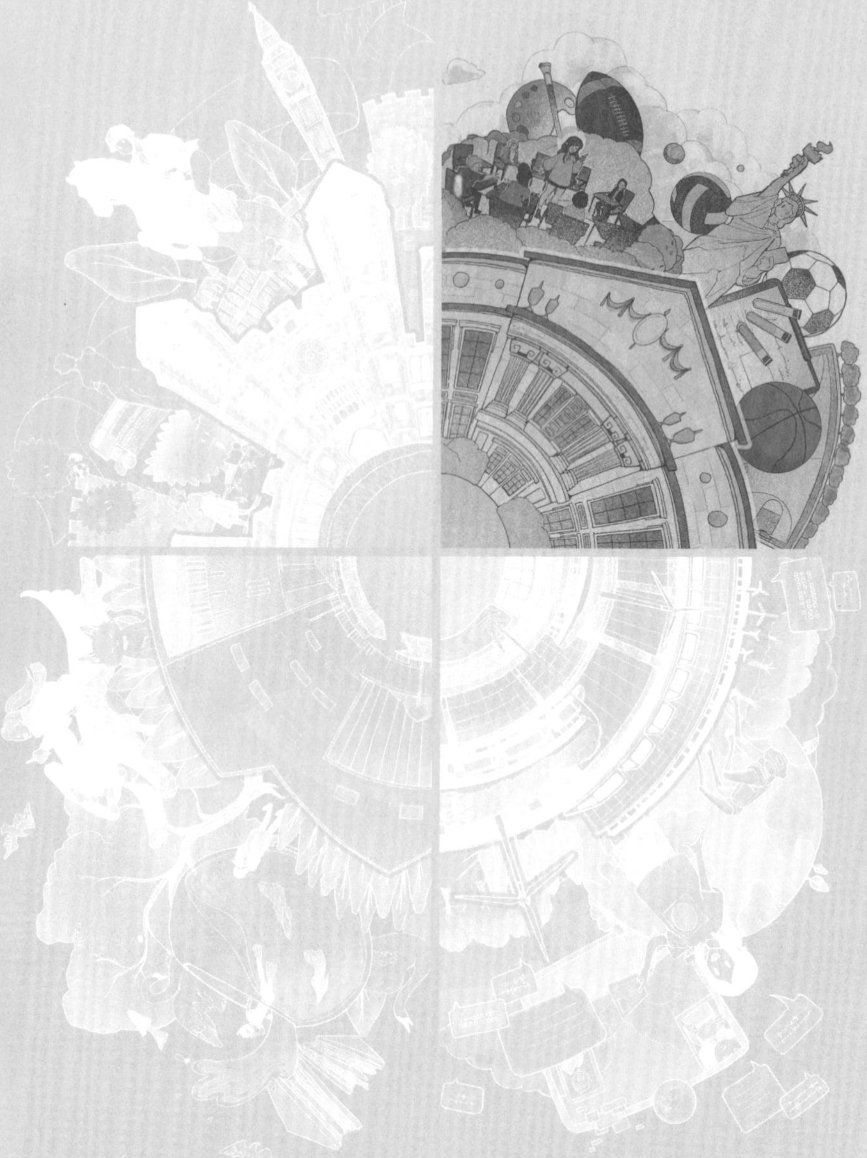

1 博雅教育与"新精英"

公学里绅士培养的基因一直是博雅教育。事实上，博雅教育可以说是整个西方教育史和思想史的传统。这一概念可以追溯到古希腊，亚里士多德在《政治学》中提到"自由人科学"，"自由人"与"非自由人"相对，他们在城邦中享有作为公民的政治权利，如参与辩论和审判，因此与此相关的文法、逻辑和修辞等构成了古典时代的教育核心，辅以数学、地理、音乐理论和天文学，以培养能有效行使权利并履行义务的公民。

中世纪之后，英国完好地继承了古典的博雅教育传统。到19世纪现代大学建立之前，博雅教育一直是英国和大学最重要的教育理念。然而，20世纪却是专业化教育一路高歌、博雅教育步步退却的时代，英国也在教育体系中削弱了显性的通识功能。但在这一时期，博雅教育在美国得到了复兴，而且完成了向现代教育制度的转型。这一转变是如何发生的？现代的博雅教育或与之相似的通识教育是如何从美国开始席卷全球的？

新英格兰地区一直以来都是公认的美国教育高地，它的优势地位要追溯到英国人在这里登陆之初,"清教思想"在教育上的实践。1607 年,第一支英国探险队抵达弗吉尼亚的詹姆斯敦,在那里建立了一个永久性的殖民据点。此后一直到 1640 年,大约有 2 万到 3 万名清教徒由于不满英国的社会、经济和宗教环境,穿越大西洋,移民到马萨诸塞湾和邻近的康涅狄格、罗德岛和纽黑文。这块被命名为"新英格兰"的区域成为美国历史的发源地,在主流叙述中,美国文化和教育的主线也是从马萨诸塞湾开始,而后再向南和向西扩展的。

最早到达的清教徒们用"洪荒"一词来形容他们眼前的空旷土地,这批自律性强、文化程度较高的宗教人士担心欧洲的传统社会在这里彻底土崩瓦解,绝望之中,他们想到了手中的教育武器:家庭、社区、教堂和学校,他们甚至将 1647 年颁布的一项规定 50 户以上家庭的城镇要为儿童提供读写教学的法案命名为"祛除魔鬼撒旦法"。在这里建立中等和高等学校的标志性事件是 1636 年哈佛学院的成立,正如美国教育历史学家弗雷德里克·鲁道夫(Frederick Rudolph)所说:"是新教的使命感迫使马萨诸塞湾的领导人建立了这所学院——新教联邦需要有能力的统治者,教会需要有知识的牧师,文明社会也依赖那些有知识、有品位和有文化价值感的人,建立哈佛学院就是为了培养牧师、教师和地方官员——只有这些人才能将文明与野蛮、天堂和地域分开来。"

新英格兰地区的教育实践并非欧洲习俗、传统和设想的全盘移植。17 至 19 世纪的英国社会在很大程度上是一个等级社会,"绅士"是有教养阶层的代名词。而美国的社会理想是,所有的公民都被认为是自由人,都可以对成功有着美好的憧憬。清教精神被鼓励转换成新兴中产阶级的一种更为物质化和更为实用的精神,比如勤奋、节俭、谦逊、诚实等。随之而来的 19 世纪是美国的"镀金时代",社会权力的平衡从政治转移到经济,也从旧世界转移到新世界。没多久,美国的制造业生产就超过了英格兰、法国和德国的总和,大量财富积聚,尤其是在东北部的新英格兰地区。

"镀金时代"对自我创造财富的机会,或者对白手起家式的故事尤为开放,一种不同的精英诞生了,替代了更陈旧的土地贵族们。新富们关心的一大问题是谁会成为精英,以及他们的精英身份如何传向下一代。他们拿出了大量资金,用来成立和资助最顶尖的文化教育机构。

本书所考察的七所寄宿制高中大都在 19 世纪的财富变革中产生。在这一时期,中学教育受到前所未有的重视。到 19 世纪 60 年代,新英格兰一些寄宿学校的学生与哈佛 20 年代的学生年龄差不多,课程也和当年的哈佛一样。延迟的成人期为优势儿童们提供了三段发展期:第一段,在家里和家人们一起;第二段,在寄宿中学通过隔离来保护他们的天真无邪;第三段,要么是在一所大学里,要么进入社会成为学徒,因为这个阶段的年轻人已经可以照顾自己了。人们希望前两个阶段会在这些年轻人步入第三个阶段时保护着他们。这一结构也把中上层阶级的孩子与工薪阶层的孩子区别开来。

在精英原产地的寄宿学校内部,古典的绅士教育已经难以为继。1912 年报纸上一篇名为《我们中世纪式的高中学校:我们是在为 12 世纪还是为 20 世纪教育孩子?》的文章表现出强硬态度,作者威廉·米恩斯指出,文化已经控制了那些老套刻板的高中。在这些高中,随处可见"干净的双手和洁净的衣领……传授的是黑格尔哲学、希腊语、拉丁语,书架都是五脚的,每年学费两万。这里是真理的世界,也是抑制智慧生长的地方，到处是双排扣礼服和珍珠手套"。米恩斯认为，与他定义的"中世纪高中"相比，"现代高中"提供的课程应该能够提高周边社会的职能。

教育心理学家斯坦利·霍尔（Stanley Hall）也在他的经典著作《青春期》(Adolescence)里呼应了当时对高中教育改革的呼声。他指出："一个人未来的生活取决于如何有效地使用他在青少年时期骤然获得的巨大新能量。"根据他的重演理论，个体的每个心理发展阶段都对应着人类社会进化的一个阶段：4—8岁的儿童，与将渔猎作为主要生活方式的时代的人类特征相似；11—12岁的孩子则重演野蛮时代的生活状况；而青春期的热血和热情刺激着"社会人"的发展——"社会性本能骤然绽放，崭新的爱的世界随之复苏"。他认为，适当的青少年社会化过程是解决诸多社会问题的万金油，高中必须将青少年身上"性"和"社会化"的冲动能量，控制和引导到对社会有益的方向，这应该作为教育机构好坏的评判标准。

这对美国高中的发展产生了重要影响，学生的社交活动或课外活动，开始成为重要组成部分。20世纪的高中成了美国未来生活的象征。

19世纪末，耶鲁大学教授乔治·特朗布尔·拉德（George Trumbull Ladd）指出了博雅教育在美国发生的翻天覆地的变化："博雅教育在以前指的是适合一个自由人或一个绅士的教育。……现在我们到哪里去找这样一个独一无二的绅士阶层呢？不过，博雅教育也许可以定义为铸造自由心灵的教育……而且，这种语义转变是合理的。"

可以说，博雅教育在美国的转变不仅是教育对象的转变——从"绅士"到"自由人"，更是教育目标的转变——侧重点从"雅"到"博"，不仅是塑造性格，更是训练理智。正如1828年对美国教育思想影响深刻的《耶鲁报告》指出:"博雅教育是一种全面的、广博的教育,在这种教育中,自然科学、数学、古典文学、语言、逻辑学、道德哲学各有其功能。通过这种教育,学生将发展想象力、推理能力、艺术品位、辨别力、表达能力等各种心智的能力。"

由此,19世纪的"古今之争"最终以"今人"的胜利而尘埃落定。作为文艺复兴以来绅士教育基础的古希腊语和古拉丁语被清除出必修科目的名单,杜威的实用主义教育哲学成为20世纪美国教育的指导思想,"通才"取代"绅士",成为新的教育理想人格。

据美国国际教育机构的统计,申请美国高中的中国学生在2010年后呈爆发式增长。2005年,进入美国高中的中国学生只有65人;而到了2013年,这一数字已达2.3562万人,在美国高中国际学生中位列第一。根据美国入学的政策规定,国际学生只能以交换的形式进入公立学校,最长期限为一年,再加上走读需要寻找合适的寄宿家庭,所以大多数中国学生都选择进入私立寄宿制中学,其中又以优质教育资源最集中的新英格兰地区为首选。

选择让孩子去美国读高中的家长们认为,一方面,去美国可以更便利地进入常春藤盟校,新英格兰地区一批私立高中甚至因高输出率而被称为"小常春藤";另一方面,似乎也像是博雅教育从英国到美国的语义转变一样,代表了对下一代"精英"的不同期许。

三分之二的学生家庭能为他们上高中支付每年4万美元以上的费用,学校每年对学生的平均支出几乎是大多数高中的10倍,常春藤大学对这些高中的录取率是全国平均值的三倍以上。但是,占领了精英学校的有钱人积聚财富的方式在变。根据哥伦比亚大学社会学系教授西莫斯·可汗(Shamus Khan)对精英文化的研究,在1929年最富有的 0.01% 的美国人的大部分收入来自资本，只有 10% 来自工作；到 1998 年这个趋势已经发生了根本改变，对最富有的美国人来说，仅 17% 的收入来自资本，超过一半的收入来自工作。对这些精英二代或者新精英来说，以前的地位是通过继承得到的——围绕财富、血统和关系来建构世界，而现在要靠一个人的能力和个性特征。

这也解释了精英学校为什么企图从一个富家子弟的堡垒转变为全社会天赋异禀者云集的地方。许多学校在民权运动给它们压力之前，就开始录取黑人和少数族裔学生了。同样地，这些学校转变成一个不仅"允许"女性进入的地方，也创造了让女性得以自由成长的环境，这里是特意构建的现实世界的微观缩影。

大学也有了新的选材标准。20 世纪 50 年代，SAT 成绩成为主要评估指标，意味着将特定的数理、阅读、写作和词汇能力，作为辨识天赋的标识。但是在一流高校中，评判标准则更加多样。哈佛招生办主任曾在 SAT 盛行之时表达了焦虑："真的存在什么好的方法来辨认和衡量一个人是否具有善良、人性、同情心、热情、责任感、活力、创造力、独立性这些特质吗？我们到底要不要在乎这些？"

在对这些大学的研究中发现，它们选择性地放弃了以纯学业成就作为录取标准，取而代之的是关注一些更加无形的个人特质，"一个出色的或者有趣的特长"被列入申请大学的流程中。这就将天平向精英学校倾斜了，因为它们有更多的财力为培养学生们多样化的兴趣买单，开设音乐、绘画、摄影、雕塑和舞蹈等项目，成立从造机器人到天文观测等俱乐部，这些活动也是博雅教育的核心部分。

这些学校所呈现出的博雅教育当然不仅是为了进入常春藤高校的竞争力，更重要的是，学生可以从一个领域触类旁通到其他领域，不仅学会思考，而且学习不同的思考方式；不仅吸收知识，而且对新旧知识进行思辨。他们也以此回应了有关新精英教育的挑战：在一个更开放的世界里，使新精英们与众不同的不再是他们的排他性，而是对不同阶层的兼容并蓄，是对不同文化的杂食能力，是一个人认识世界的方式和在这个世界里扮演的角色。

（贾冬婷）

2 美国私立高中考察：博雅教育的视野

这些学校里博雅教育的宽广度和挑战性令人惊异。如同一个苏格拉底式的思想学园，学生们被鼓励去拥有海纳百川的文化杂食性，去思考"更大"的问题，去追问"你如何知道"，而不是"你知道什么"。对他们来说，世界是一个有无限可能性的空间，而不是一套约定俗成的规则。正是这些构成了新的精英标志。

流动的梯级

作为一所基督教主教派学校，圣保罗高中每周有 4 天的清晨是从礼拜堂开始的。"礼拜堂不只是祈祷、唱圣歌的地方，许多学校的仪式包括公布校友的去世、庆祝节日、举行演讲，甚至每个学期的晚课，也都在这里举行。"媒体总监莎拉·阿尔达格（Sarah Aldag）将礼拜堂形容为圣保罗高中的社区中心和精神图腾。

在这个精心构筑的仪式性空间里，每个学生从开学第一天就被安排了固定位置。以长长的走道为中心，四排木雕座椅两两相对，像球场看台一样。外来参观者会被安排到最后一排靠近门口的位置，远离中心。座席是按照资历顺序排列的，紧贴走道的第一排是低年级新生，年级升高，座位也随之升高，离成年越来越近，可以居高临下地俯视没什么经验的学弟学妹们。高年级学生上面的最后一排是老师，也是按资历排座次：刚来的那些靠近前方的讲台，靠近门口的则是返聘的老师们。

"圣保罗的等级设定是一种对现实社会的模拟和隐喻。"哥伦比亚大学社会学系教授西莫斯·可汗专注于研究精英文化，多年前也毕业于圣保罗高中。在他眼里，圣保罗的学生们是离哈佛最近的一群高中生，他们中的三分之一会进入常春藤盟校。大学只是他们精心设计的生活的下一步。就像礼拜堂里的就座仪式赋予他们在圣保罗高中一个特定的位置，从这里毕业也保证他们会在一个更广阔的世界里占有一席之地。对这些新精英来说，等级制度的确存在，他们是被选中的人。但是，不再像旧贵族体制下那样世世代代保留着座席，而是有拾级而上的规则，他们必须学会如何在自己的位置上努力得到晋升。

礼拜堂不是学校里唯一一个让学生感受到等级和规则的地方。每周两次的正式晚餐也是精心设计的一个模拟社交场合，或说是一场礼仪实践，教学生如何吃得礼貌，如何与不太熟悉的人在餐桌边展开话题，如何区分在这种情形下什么是合适的。

西莫斯·可汗认为，重要的不是从细节上指导学生如何吃一顿正式晚餐。在这个信息时代，关于柏拉图、古典音乐或什么葡萄酒搭什么菜这样的知识不再是屏障，人人都可以获得。然而，懂得如何吃这顿饭，比知道点什么菜更有挑战性。学习规则是简单的，学习实践要难得多，因为得把抽象的知识放入现实生活中。看上去自然的素质，实际上要通过在圣保罗或者布莱尔这样的学校反复获取经验和教训才能形成。

"等级和特权无处不在,但学校要确保等级是健康的、可流动的,要设定上升的规则,提供更多流动的机会。比如礼拜堂里按年级排座次,比如高年级学生拥有比低年级学生更多的管理权和自由度。"圣保罗高中校长迈克尔·赫什菲尔德(Michael Hirschfeld)告诉我们,这也有赖于圣保罗是一所**全寄宿制学校**,一直采取一种温和的家庭式基督教养育,这是他们延续传统的方式。

> **TIP**
> **圣保罗高中**
>
> 1856年,24岁的牧师亨利·科伊特(Henry Coit)带着新婚妻子和三个门生,来到新罕布什尔州的康科德镇,在当地一个医生捐助的乡间宅邸里成立了一所学校,年轻牧师成为第一任校长。两个门生开始学习,第三个得去钓鱼,不然晚上没什么拿来下肚。
>
> 圣保罗高中就始于这样一个远离城市喧嚣的家庭式环境,以此为源头确立的一系列寄宿制学校改革也深刻影响了美国的教育体系。后来的校长和董事们也竭力维持社区感,他们买下了学校周围的所有土地,从一开始的50英亩扩展到2000英亩。

全美300多所私立高中里,要求全住宿的仅有6所,圣保罗是其中之一。虽然学校占地2000英亩,但是严格将学生数量限定在541人,学生、老师的比例控制在5∶1,再加上宗教作为维系纽带,营造了一种亲密和约束的社区感。

圣保罗高中所有的教工都住在学校里,替代了很大一部分父母的职能,至今学生宿舍的门也不上锁,鼓励老师们随时进出。校徽上有一个图案是一只鹈鹕从自己的胸部啄下一块肉来哺喂幼鸟,这反映了对教师为学生牺牲的期望。赫什菲尔德校长家里摆放着第一任校长亨利·科伊特用过的桌子,作为一种象征。赫什菲尔德1985年毕业于圣保罗，之后仿佛被一股奇特的力量牵引着回到这里工作了 22 年，成为第 13 任校长。他的家就在学校里面，太太也是老师，女儿从这里毕业，儿子还在这里读书。每周六晚上，他都会对学生们敞开家门，通常会涌入 200 多人在里面聊天、弹琴。每年 3 月还有一天"惊喜日"，学校会突然宣布全天停课，赫什菲尔德亲自带领 9 年级新生和老师到学校的森林里游玩。

寄宿制学校里建构的世界一直在变革。就像 50 多年前的一任校长马修·沃伦（Matthew Warren）在给校友的信里所说："我们以微观世界的方式与现实接轨。有 20 多个国家在这里被这样或那样地代表了。美国社会的方方面面都在这里。我们提供奖学金给将近四分之一的学生。"

赫什菲尔德校长对我们强调，目前圣保罗高中里国际学生的比例是 17%，其中来自亚洲或亚裔美国学生又占 17%，"这一比例接近美国社会的构成。圣保罗的学生们必须学会如何在一个更开放的社会里脱颖而出"。

在哈克尼斯圆桌旁：批判思维与人文视野

斯坎伦老师上课的这间教室里并没有那种一排排的桌椅——老师在讲台讲，学生在下面听。整个屋子被一张巨大的椭圆形桌子和 13 张椅子占满，可以坐 12 个学生、1 个老师。圆桌侧面还有 13 块木板，考试时可以抽出来，再把椅子转 90 度角，就可以背对背了。这是一种围坐形式，更是一种教学方法——哈克尼斯圆桌法（Harkness Table）。

斯坎伦老师的高级英文课

卢米斯·查菲高中英语老师杰夫·斯坎伦（Jeff Scanlon）的高级英文课，也是 AP 课程（Advanced Placement，大学先修课程）。因为三周后要考试，所以这堂课进度比较快，他先通过一个特殊版本的朗诵，展开关于这首诗的课堂对话，引导学生去探讨进入诗的各种路径。

"'消息肯定不胫而走／说我独自住在房中／说我独自面对人生／说我除了上帝没有一个亲朋。'——这暗示着，他之所以有不祥之兆，是因为他之前经历过？"学生 A 抛出一个问题。

"对啊，这首诗以疑问开头是不是？——'我在哪里听到过这风声／而今它变成咆哮的低鸣？'——他以前就听到过？"

学生们开始低声讨论，他们似乎慢慢形成了一致看法。老师杰夫·斯坎伦加入进来。

"好，我们已经有了一些进入《丧失》这首诗搭建的'房子'的路径，打开了某扇'窗户'，或者某个'侧门'，比如语气、语调、押韵等，让我再补充一点点关于作者罗伯特·弗罗斯特（Robert Frost）的信息。你们觉得写这首诗时他多大年纪？"

学生们纷纷猜测是 70 多岁或者 80 多岁。

斯坎伦老师笑了，"其实他当时只有 19 岁，刚经历了失恋，看上去像饱经沧桑的老人了。不过，这首诗也像一个征兆，他一生经历了多次亲人离世，包括妻子和四个孩子。"

斯坎伦老师说，课堂探讨之后的具体分析需要学生在课下完成，包括阅读罗伯特·弗罗斯特的其他诗，还有与之风格相近的 19 世纪英国浪漫主义诗人华兹华斯的诗。

不一样的中学

哈克尼斯圆桌法最早在菲利普斯·埃克塞特学校开展，若干年实践过后，现在已经在很多高中普及，比如卢米斯·查菲高中、圣保罗高中，它们在包括科学、数学和人文学科在内的很多课堂上都采用了这种教学法。

卢米斯·查菲高中的这堂英文课呈现出一种共同思考模式。作为课堂上穿针引线的人，斯坎伦营造的讨论环境平易近人，他将介入的尺度拿捏得恰到好处：他鼓励学生挑战观点，提出新的问题，但并不给出答案，有些问题甚至他本人也不知道答案。这种教学方式与苏格拉底如出一辙：老师倾听学生的意见，启发式地把问题影射回去，迫使学生更清晰地表达自己的观点。学生必须为自己的观点辩护，在聚光灯下以严谨的态度再次审视内心，剖析想法，以批判式逻辑来检查自己的思想。

整个过程就是让学生在不舒适的环境中得到锻炼，不是被动吸收老师的观点，而是通过不断提出疑问，学会独立思考。斯坎伦说，真正的教育是要教会学生从各种以讹传讹的"常识"中解脱出来，先认

> **TIP**
> **哈克尼斯圆桌法**
>
> 1930年，美国石油大亨爱德华·哈克尼斯决定向新罕布什尔州的私立高中菲利普斯·埃克塞特学校（Phillips Exeter Academy）捐一笔钱，但提出了一个附加要求：学校必须实践一种他设想的教学法——学生围坐着一张圆桌面对面地探讨和交流，老师在旁引导。因为哈克尼斯发现，自上而下的授课方式很容易忽略掉那些内向的孩子，所以他希望能借鉴苏格拉底式教学法，创造一种激发学生自由思考和辩论的课堂。他将每堂课的规模缩小到12名学生，课桌设计成椭圆形，便于彼此之间交流。
>
> 这一教学法最特别的是，它强调每位学生根据自身经验和学识去构建相关知识以及质疑、辩论他人观点的能力。其中，老师充当主持人的角色，作为学生学习过程中的高级伙伴，激发学生的学习兴趣，并使其保有持续的学习动机。在实际教学操作过程中，老师的工作也只是避免使讨论演变成恶性争论，同时提供一些专业的解释和澄清，从而使学生对教学材料有更深一步的理解和掌握。

清它，其次质疑它，最后从新的角度思考它，而不是被"常识"这匹蒙着眼睛的野马拉着跑。

哈克尼斯圆桌法的本质是培养批判性思维，这也是博雅教育的核心目标。如同柏拉图著名的"洞穴"隐喻："学习的力量存在于灵魂深处，每个人都能看见，但方向并不明确……把知识灌输给缺少知识的灵魂，就像是赐予盲人以视力。"也就是说，教育不是教学生他们不知道的东西，而是教他们如何独立思考。本书所考察的这些顶尖高中普遍提供了大学般丰富的**课程体系**。他们的理念是，即使在高中，思维能力也可以通过反复训练达成。

圣保罗高中的人文课程体系和大多数高中不同。学生不修英语、历史、社会科学这些课程，它们融汇成一门课——人文课。12 年级学生王佳尔（Muriel）一直想成为希拉里那样的"女强人"，2012 年她拿到了新英格兰地区三所顶尖高中的录取通知书，之所以最后选择圣保罗，就是因为它将政治、历史、文学融为一体的综合人文视野。

王佳尔说，人文课从 9 年级的"人文Ⅲ"开始，她选修了希腊历史

> **TIP**
> **圣保罗高中的课程体系**
>
> 一学年有三个学期，新生每人每学期修五门课以上，人文、数学、科学和语言课都要延伸到整个学年。当学生升入更高年级后，就拥有更多课程选择。比如数学，大多数学生会一直学到微积分，之后还可以继续选修难度更高的线性代数和高等数学；高级科学课有机会选择人工智能、机器人工程和银河系天文学；人文课有五十多种，从"当代爱尔兰文学和历史"到"夏娃之女：宗教中的女性经历""21 世纪与全球化"，再到"中东之声"，等等。
>
> 据人文系的课程介绍，三学年的交叉学科核心课程体系采用了"大问题"切入点，课程体系首先是文学和历史的结合，也包括宗教研究、艺术史、哲学和政治学，主要培养针对课堂内容的激烈讨论、学术研究、批判性阅读与推理的技能。

和莎士比亚，被要求无所不读，从《荷马史诗》到《古兰经》，同时也被要求无所不想："什么是爱？""什么是美德？""宗教是如何改变世界的？"……10年级进入"人文Ⅳ"，她选了美国历史；11年级的"人文Ⅴ"则跨入世界历史的大门，比如欧洲部分从文艺复兴到第一次世界大战。王佳尔被激励着变不可能为可能，之后又进入辩论队，参加模拟联合国，并担任队长，在自己感兴趣的政治和历史方面越来越有信心。

STEM 教育：下一代创新者

在布莱尔高中的创客空间（Maker Space）里，12年级学生闫一川的面前摆着一艘两米多长的木船。尽管最外面一层还没有包裹完工，但在充足的阳光下，它已经展现出骄傲的曲线。这是闫一川的个人作品，他称之为"海洋建筑"。

创客空间是布莱尔高中 STEM 教育的一部分。所谓 STEM，是将科学（Science）、技术（Technology）、工程（Engineering）、数学（Mathematics）四门学科集成的战略。早在1986年，美国国家科学基金会就发布报告，提出在大学里加强 STEM 教育，现在已经向下渗透到整个 K-12 阶段（美国基础教育从幼儿园到高中的统称），提升到培育"21世纪科学家"的高度。STEM 教育并不局限于四门独立的学科，而更关注整合的价值。

闫一川已经花了一年时间在这艘船上，几乎每天下午来创客空间一小时，画施工图，搭建鲸骨架般的船体结构，现在则是最后也是最难的一步——包裹船身。闫一川制作木船的想法源于他一年前的建筑选修课，老师是一位兼职建筑师，有一次讲到海洋建筑，他联想到从小的航模爱好，于是向老师提出想设计制作一艘木船。没想到学校同意了，让他在创客实验室完成，作为建筑课的结业作业，学校提供资金和技术指导。他说，实际操作起来和小时候制作航模挺不一样，小型航模是用塑料或者木头制作，比的是速度，这次更像是做木工。看着这艘船一天天成型，他挺有成就感的。

这个独立的创客空间离主教学区有一段距离，高大空旷，门窗被漆成了五颜六色，看上去更像一个厂房车间。正在进行中的项目千奇百怪，除了闫一川的木船，还有电吉他、遥控飞机、水培花园，甚至还有一个真人大小的机器人。这个名叫 InMoov 的机器人项目由 9 个不同年级的学生合作，也是他们的计算机选修课作业。负责制作机器人身体的学生杰森介绍，InMoov 很有名，2013 年由法国人盖尔·朗葛文（Gael Langevin）用 3D 打印技术设计制作，后来盖尔把这个作品变成一个开源项目，放在网上供全球创客们复制和改进，现在已经有 300 多人加入了。杰森他们想在 2016 年把 InMoov 组装完成，这个计划非常有挑战性，因为有上千个零件要打印、归档、安装和试验，而且源网站上的信息并没有详细说明，更像是一个引导。计算机科学系主任山姆·亚当斯（Sam Adams）是项目指导，他将协作完成 InMoov 机器人形容为"将学生们带入未来"。

"这个团队合作项目需要每个人持续不断地学习和动手。在这个过程中，学生们大大提高了解决问题的能力，这对他们之后进入大学和社会都是很重要的。"亚当斯老师说，除了这个创客空间，他们每周会在技术图书馆聚会一次，使用乐高头脑风暴系统进一步掌握搭建原理，这个小工具使得机械、电气和机器人编程变得不那么艰深了。每隔三周，他们还会去帕克街的创客空间，用桌上的开放笔记本电脑咨询网上达人，比如 3D 打印机的打印和组装难题、排除供电故障、计划推进受阻之类的问题。"那是一个更大的创客空间和团队合作。"

12 年级的罗南负责 InMoov 的电路板，他之前从来没有做过这个。他说找到了自己真正想做的事，可能会在大学申请工程技术相关的专业。和他同年级的威尔选这门课，则是为了逃离舒适区。"做机器人太好玩了，即便是让它的手腕动起来这一步，也让我激动了好几天。"

"这个机器人项目是现实的、复杂的，而且很有趣。它让孩子们想要做更多。"有 20 年计算机教学经验的山姆·亚当斯认为，激发起学生们对计算机工程的兴趣和热情，是这门课的最大价值。STEM 教育以让学生参与活动、项目和问题解决为基础，提供了一种动手制作的课堂体验，目的是让学生今后应用所学到的数学和科学知识应对重大挑战时，能够创造、设计、建构、发现、合作并解决问题。

"创客空间就像一个大盒子，融合了物理、建筑、环境科学、技术、艺术等多门学科的实践，是一个 STEM 教育基地。在学校里创造这样一个场所，让学生在这里使用一些工具、材料及专业技能进行创造，就是发掘一个人的全部潜能。"指导老师杰伊说，创客们总是抱持一种"知道就能做出来"的乐观进取的态度，不断将新想法转化成现实，这是值得鼓励的成长型思维模式。

<h2 style="text-align:center">讲故事与领导力</h2>

9 年级学生迈克尔·莱塔（Michael Letta）讲述的这段经历，是布莱尔高中近百个"领导力故事"之一。这些故事都和遇到挑战如何坚持自己并展现出领导能力有关。

迈克尔·莱塔的领导力故事

是认认真真踢球,还是只当成消遣?必须要做出决定了。

我意识到自己很爱足球,于是告诉父母我要更加投入其中。他们建议我多参加球队比赛。我训练得挺不错,但一上场打比赛就不行。

几场过后,我有些崩溃了。父亲要我在下场比赛前记住三个字母——PPS。

这是什么?心理(psychology)、毅力(perseverance)和技术(skill)。父亲解释说,技术要通过训练和比赛来磨炼,毅力会让你在场上不轻易放弃,心理则决定了临场发挥水平。你不要顾虑对手有多强大,要尽量先想着把自己做到最好。

我开始在比赛中尝试这么做。几场比赛和刻苦训练过后,我真的开始找到了信心,慢慢克服了比赛障碍。

多想一想PPS——心理、毅力和技术,我发现这个方法挺有效,当然,不只是在运动场上。

"好的领袖一定是会讲故事的人。"布莱尔高中校长克里斯多夫·福尔图纳托(Christopher Fortunato)说,参与这个计划的学生要先写篇短文,描述一段关于坚持自我的经历,然后和同学们讨论如何把它从文字变成语言,最后要面对摄影机,用两三分钟的时间把这个故事讲述出来。视频并不经过后期剪辑,最后呈现出来的就是讲述时的原貌。

这个故事讲述平台,是福尔图纳托校长推行的"领导力培养计划"的一部分。福尔图纳托曾在哈佛大学肯尼迪学院工作,他意识到领导力是未来取得成功的关键技能，于是到布莱尔高中任校长后就开始大力推行这一计划。

要求一个14岁的孩子成为领袖，是不是太超前了？人们对领袖的思维定式是干什么都冲刺在前，在组织的大小事务里统统做主，个性开朗外向，人人都围着他转。

福尔图纳托认为这种看法太狭隘了。"领导力意味着基于自身价值观去做决定的能力。在学校里，领袖的表现形式多种多样，他可能是学生会主席、当地社区服务中带领志愿者的人、球队队长、话剧团团长，但是，对更多人来说，是一种坚持自我价值的意识。这种意识一旦形成，会伴随你一生。"他认为，领导力培养的最关键时期就是14岁到18岁。

在哈佛大学肯尼迪学院时，福尔图纳托体会到了领导力如何影响一个学生申请大学。"大学往往会让你展示领导能力，最常见的回答就是'我加入了这个社团、那个社团'，但这并不会让你脱颖而出。人人都在社团里，那么你做了什么呢？你对自己有什么认识？你在生活中是如何做决定的？"福尔图纳托校长亲自给10年级学生开设了领导力课程，他认为高中生需要这种指引。"有学生会质疑，'领导力没法教，你怎么可能给我们提供一个成为领袖的机会？选谁不选谁，都是别人来挑的'。那么，公开演讲怎么样？'不，我还太小，害怕上台。'这些想法都有问题。他们需要认识自我，与人交流。领导力不是与生俱来的，可以通过培训和实践提升。"

布莱尔高中的领导力培养目标包括有效的沟通能力、问题解决能力、遇到困境时的决策能力。他们将相关培训渗透到了一系列课程和项目里面，包括领导力故事计划、国际合作项目、公共服务等，还和

TED 在学校合作开设了主题讲堂。变化一点一点地在学生们身上发生，比如领导力故事计划，不仅是提升讲述技巧的故事工厂，也是在剖析内心。"把自己讲给大家听，让大家来讨论，也让生活变得更透明了。在很多情况下，做出决定真的很难，你不可能让所有人都满意，很可能会有人因为你的决定受到伤害，但是没关系。我看到，很多学生因为大家都在关注他，决定要做艰难但正确的选择。"福尔图纳托校长说。

作为一所有 168 年历史的高中的新一任校长，福尔图纳托希望能够给学校注入一些新观念，希望学生们毕业后不会对学到了什么感到一片茫然。"我很骄傲布莱尔的学生都能进入顶尖大学，但是考高分和学知识是不同的，我们要做的是两者兼顾。真实的世界不是一个解题装置。现实问题更复杂、更混乱，涉及经济、历史、社会、宗教信仰、个人的自我意识，你不会一下子得到一个清晰明了的指引。我希望我们的学生去直面这些问题，带动更多人思考，汇集更多力量解决它，因此和人建立良好关系很重要。我在哈佛遇到过很多非常聪明的学生，他们在与人沟通方面却有障碍，尤其是在遇到不同背景或视角的人的时候。所以，成为好学生是不够的，这也是为什么我们要花时间教育学生去直面挑战、与人合作、锻炼领导力。"

世界公民

"你觉得自己是西班牙人，还是加利西亚人呢？"胡安·洛内斯（Juan Lones）在西班牙加利西亚的一个小渔村做随机访谈。

"都不是。"一个路人给出了让胡安困惑的回答。

"两者都不是，那你认为自己是哪里人呢？"

"我是世界公民。"路人说。

这是塔夫脱高中12年级学生胡安为期一年的西班牙游学的尾声。胡安是美国国籍，但他父母是西班牙人，他身上混杂着萨尔瓦多文化。一年前，他还小心翼翼地不去深究自己的身份，他只知道自己虽在美国长大，但总有些格格不入。所以当学校开启一年国际游学计划时，他申请去了西班牙的加利西亚。

"这个路人传递出一种哲学，比起所在地的文化背景，更重要的是认识到自己是人类的一部分。"胡安认为，世界公民并不意味着去拥抱所有的文化，而是要去接受世界的多样性，对别的文化既感觉敏锐又善解人意。别的文化不是好或不好，只是不同。这种看法也缓解了胡安自己的身份焦虑。

世界公民意识在西方哲学中早有渊源。古希腊斯多葛学派认为，我们每个人都生活在两个社会里，一个是我们出生的社会，另一个是人类论辩和抱负的社会，后者才真正普遍，是我们社会道德和责任的根本来源。这些思想影响了美国的开国者们，是民主公民权的重要源泉，如今也成为大学和中学的教育核心之一。

"塔夫脱可以算是美国高中里最国际化的学校了。"塔夫脱高中招生主任说，他们的学生来自全世界47个国家和地区，学校像一个国际村一样，大家一起加入各种小组、团队、俱乐部，分享各自的文化、政治制度、宗教信仰、食物和风俗。此外，他们给学生提供各种各样的国际游学、国际服务、国际领导力项目。"过去十年是世界变革最快的一个时期，国家、组织、公司和个人在经济和技术上的相互联系前所未有。同时，我们面临的全球性问题也越来越多：全球气候变化的挑战，各国在个人财富、生活水平和人权保障方面的巨大差异，基于宗教和种族的国际冲突，近期的国际市场和金融危机。学生们未来会有更多机会成为国际事务的参与者和领导者，这就要求他们必须关注国际问题，拥有跨文化的多元视角和解决能力。"

11年级学生尼克·莫戈希亚（Nick Morgoshia）讲述了他去年暑假在印度乡村支教的经历。最初只是抱着走出舒适区的想法，他成为塔夫脱高中第一个申请国际社区服务项目的学生。

跟着尼克去支教

斋浦尔的街头景象给尼克带来巨大的冲击。五星级酒店和贫民窟比邻，用智能手机的白领和赤裸乞讨的孩子共存，穿纱丽的姑娘和狒狒同行……尽管他看过世界其他地方一些不平等现象，但亲眼见到的一切还是颠覆了他的想象。

尼克去了一所乡村幼儿园实习。班里的孩子2岁到5岁，都来自贫困文盲家庭，每天全家的生活费不到1美元。尼克教孩子们英文字母，到实习结束时，几乎每个孩子都认识英文字母了，甚至有些孩子还可以使用一些单词和短语来进行简单会话。与尼克同去的另一个志愿者教生活课。他们一起用带去的牙刷、牙膏和肥皂，教孩子们怎么刷牙洗脸。

在印度三周的经历对尼克改变很大，孩子们展现出的善良和友爱深深打动了他。大孩子会帮小一点的孩子装书包、系鞋带，送他们回家，确保他们安全到达。即便在恶劣的环境下，这些孩子也展现出了美好的品质。尼克之前也接触过不同国家的各种境况的人群，还从未有人像这些孩子这样给他这么大的启发。

尼克知道三周的志愿服务不可能把这群孩子从贫穷和困窘的境况中解救出来,教的东西不足以让他们考上大学、找到工作,也不能让他们的孩子有一个更好的环境。然而,他带着热情传授知识,让他们能认字母,会数10个数,会用英语简单交流,让他们为小学一年级做准备。

尼克说:"我想去一个不熟悉的地方,语言不通,社会准则不同,西方认可的礼貌在那里可能是冒犯,气候更是让人觉得新英格兰人过得太舒服了。总之,我不仅要离开舒适区,还想去另一个地方冒险。我期待着抛下个人偏见,质疑旧有的观点,改变以前看世界的方式。"

保持质疑

"质疑者"论坛(Society of Skeptics)是布莱尔高中一个对社会争议话题进行讨论和辩论的平台,现已成为全美国高中校园最成功的演讲系列之一。它的前身是成立于1937的布莱尔国际社团,40年后,当时的历史系主任埃利奥特·特劳默(Elliott Trommal)成立了"质疑者"项目,将其发展成为一个论坛。20世纪80年代中期,历史老师马丁·米勒(Martin Miller)又把它变成每周一次的系列演讲,自那以后从未间断过。

米勒每周邀请一个来自不同领域的演讲者,或是政治人物、社会学者，或是科学家、经济学家、作家，给学生带来他们各自领域的独特视角，也经常会触及有争议的话题。学生被鼓励与演讲者进行交流，用提问甚至辩论的方式表达自己的观点。

论坛并不是强制性的，但大部分学生都被吸引而来。除了本校学生，还来了很多当地社区的居民。如此热烈的场面与这次论坛的主题有关。种族问题是美国社会的敏感话题之一，公开场合的严肃讨论，往往能吸引许多人参与。

2016年最后一次论坛的主题是"大屠杀幸存者的自述"，先播放了布莱尔高中10年级学生亚历山大采访制作的一段纪录片——对4位童年时期从大屠杀中侥幸逃脱的幸存者的采访，本片2015年曾在电影节上获得最佳纪录片奖。制片者的特殊身份像一条纽带，将布莱尔高中的年青一代与演讲者露丝·米尔曼（Ruth Millman）那一代联系起来，而米尔曼的讲述又将这样的联系延伸到第二次世界大战时期。

露丝·米尔曼的童年经历

1939年希特勒军队侵占华沙时，我刚满1岁，但我家人对此记忆很清晰：在华沙的大街上，军人们穿着锃亮高挺的靴子，牧羊犬围绕在他们四周。这些纳粹军人使人感到害怕，更别说孩子了。短短两三周之后，他们就开始清理居住在华沙的犹太人。我们起初不知道是谁告发的我们，但我们很快发现，很不幸地，我们身边的许多邻居会向德国军队报告，哪家是犹太人，哪家不是。当然，我们的姓氏也会给他们一些提示。

我们一家人被送到了犹太人隔离区。在隔离区中，一个小小的公寓要住三四个家庭。我和家人藏身于阁楼和地下室，后来，父亲买通军官，一家人得以从华沙犹太人隔离区逃离出来。为掩盖真实身份，母亲带着我改嫁了基督徒，我俩也被迫隐瞒自己的宗教，改信基督教。

在经历了饥饿、瘟疫、疾病、失去亲人、隐瞒身份、辗转、流离失所之后，终于等到"二战"结束，我与母亲及失散的父亲和姐姐团聚，计划离开波兰，逃往美国。父亲将我们藏在救护车底下，绑在车的底部，就这样一路藏在车下从东德逃到西德。到了西德，一家人搭上美国的军舰，横渡大西洋，抵达纽约，才获得"重生"。

来到美国，我终于有了上学机会，我努力使自己融入当地生活，每天对着镜子练习发音，以摆脱掉波兰口音。后来我加入美国国籍，成为新泽西大屠杀教育委员会的成员，并在蒙茅斯县成立了一个犹太人联合会。我对波兰的感情复杂，我忘不了那些告发我们的邻居，他们夺走了我的童年，但我没有让他们夺走我的人生。我嫁给一个美国人，有3个很棒的孩子，现在他们也有孩子了。我很高兴有机会能站在这里，在这个接纳了无数人的国家。

想到失去的亲人和朋友，我觉得伤害很大。最近我陆续与失散多年的堂兄弟们取得了联系，他们分别在法国和以色列，但我们无法沟通和交流，因为我不懂法语，这让我很伤心。说到仇恨，我心里确实有着极大的仇恨。原谅？永远不会。能原谅别人总是好的，但是我不会。我不可能原谅德国人，不能原谅他们没能及时阻止希特勒和他的恶行。

有人问我，既然去过欧洲很多地方，今后会不会去德国？绝不。仇恨一直在那儿，而我不会介意这种仇恨的存在。

米尔曼关于大屠杀经历的演讲是"道德与责任"系列主题下的一个分话题。自2009年起，"道德与责任"成为"质疑者"论坛经常出现的主题，也被称作"詹姆斯·扬尔森（James Youngelson）系列"。扬尔森是布莱尔高中的荣誉校友，他20世纪50年代从学校毕业，也是新泽西州莫里斯郡律师协会的前主席。以其名字命名，主要是为倡导和发扬这位老人多年来为社区提供服务的精神，同时通过不同人的演讲启发年轻人的社会责任感。

詹姆斯·扬尔森拖着年迈的身躯走上讲台，他也是犹太人。5年前，他才第一次和妻子回到波兰和德国。那对他们来说很困难，尤其是当他们接近集中营的时候。他认为这次论坛的话题也是关于责任的，德国人要担负的责任。"'道德和责任'是整个社会获得进步和发展的核心。只有像你们这样有道德和责任感的年轻人，才能推动整个国家的进步。而我，如此钟情于这所学校的事务，是因为作为一名布莱尔毕业的学生，我亲身感受到人格的建立与学术成绩的取得是同等重要的。希望今后当大家回想起高中时代，能很自豪地说：'是的，布莱尔成就了我的性格。'"

"'质疑者'论坛的话题都不轻松。"组织论坛35年的米勒博士说，"2016年论坛的第一位演讲者是桑迪·胡克（Sandy Hook）小学学生的母亲，她为我们讲述了死于枪击案的儿子的故事。最后一次论坛以大屠杀结束。"

自然里的环境课

罗伯特·梅里菲尔德（Robert Merrifield）自称"拥抱树木的人""绿色忍者"，是布莱尔高中的环境科学老师。在"地球日"的前一天，他在学校举办了演讲，把自己多年的环保经历和学生们分享，呼吁学生们"快去拥抱自然吧"。

美国的环境教育活动以纪念"地球日"为中心。地球日由美国参议员盖洛·内尔森于1970年4月22日发起,关注工业污染、全球变暖、水和空气质量的破坏等问题。第一个地球日促进了美国环境保护局的建立以及清洁空气、水和清理危险品法案的通过。环境教育自此开始普及,并且渗透到中小学的教科书中。

1970年的地球日活动深深影响了梅里菲尔德。当时正在读高中的他写了一篇关于美国环境运动的研究报告,之后又在大学选择了生态学和植物学专业。1981年,他来到布莱尔高中任教,教授生物和环境科学课程。除了通过课堂与学生分享自己对自然世界的认知,他还保留了徒步、露营、野外划船等户外活动习惯,参加了许多户外的教育性露营项目,并且用日记和照片将一次次在大自然中的奇妙之旅记录下来。他认为,在以往的各种教育目标中,最容易被忽视的就是"过不太丰裕的生活所需要的技能和知识",学校教育向每一个学生灌输工业化范式,使学生错误地认为地球上的每一个人最终享有平等的消费机会。自20世纪80年代开始对工业化范式进行反思之后,美国学校开始重视为全球化经济培养劳动者。

梅里菲尔德在布莱尔高中教授的环境科学课程是一门高年级学生的选修课,主要关注三个主题——食品、能源和水资源——都是人类赖以生存却在一点点被耗尽的资源。2013年以前,梅里菲尔德决定放弃课本,因为课本不会触及当下发生的事情,无法做出回应。他将这门课变成了一门以项目为基础的课程,以季节划分为三个主题:秋天是关于食品和农业的,冬天是关于能源的,春天则与水资源有关。

学校的创客空间里还有一个温室,也由环境科学课的学生们负责管理。梅里菲尔德2011年带领环境俱乐部在科学楼后的空地开辟了一片花园，用土来培育一些植物。后来室外的花园被占用了，只好转而进行温室水培种植。他们花了一些时间研究用什么方法来做这个温室，有人用素描先将这个实验室的样子画下来，然后在网上找寻需要的零件、灯具、水泵，再照着图纸把零件一步步搭建起来，用来灌水、种下种子、调节灯光等。所有的灯光都是由计时器自动控制的，早上6点关灯，晚上9点再自动打开。"下个礼拜我们应该会收获一些蔬菜，目前生菜的长势良好，罗勒叶也不错。"

联盟：竞争与合作

每天下午3点以后，都是卢米斯·查菲高中雷打不动的活动时间，其中尤以各类体育项目为主，橄榄球、棒球、垒球、高尔夫、网球、壁球……不只是学生，有些老师也变身为教练：物理老师爱德华·庞德（Edward Pond）是水球队教练，英语老师杰夫·斯坎伦是男子高尔夫校队教练，带我们参观学校的贝基·帕迪（Becky Purdy）则是女子越野队教练。

"体育是私立学校的核心之一，学生每周的体育运动时间少则10小时，多则20小时。因为私立学校的教育目标在于性格塑造，除了课堂、宿舍，更重要的是在运动场上去实现——让学生们理解公平，合作，'友谊第一、比赛第二'的体育精神。"校长西拉·卡波特（Sheila Culbert）说，体育是这些新英格兰地区私立高中的纽带，它们经常在一起比赛，久而久之形成了固定的联盟关系。

卢米斯·查菲高中是"创始人联盟"（Founder's League）的成员，这是一个由11所美国东北部私立学校在1984年成立的体育赛事联盟。

"我们是'创始人联盟'学校中获得奖杯数最多的学校。"卡波特校长骄傲地说。

事实上,著名的常春藤联盟(Ivy League)也是从美国东北部各类校际体育赛事联盟中衍生出来的。最早的大学间赛事是出现于19世纪中期哈佛大学和耶鲁大学之间的赛艇比赛。此后,几所高校陆续成立了赛艇联盟、篮球联盟、橄榄球赛事联盟以及棒球联盟,学校间渐渐形成了一种不成文的竞技关系。1954年,哈佛、耶鲁、普林斯顿、宾夕法尼亚、哥伦比亚、达特茅斯、布朗及康奈尔8所大学签署了"常春藤联盟协议",协议由橄榄球单项赛事拓展到所有校际体育项目,"常春藤联盟"成立,之后从体育延续到学术等各个方面,成为孕育精英的摇篮。

以体育为中心的联盟,逐渐从大学传递到高中阶段。卢米斯·查菲高中也是另一个更著名的联盟——"**小常春藤**"的成员,这是由美国东北部10所顶尖私立中学组成的联盟,名字就显示出它们对于"常春藤"高校的生源输送优势。

"学校和联盟,就像鸡和蛋的关系。"卡波特校长形容,"在'十校联盟'成立之前,这些学校各自的文化就已经

> **TIP**
> **十校联盟**
>
> "小常春藤"的正式称呼是"十校联盟"(Ten Schools Admission Organization,TSAO),成员包括卢米斯·查菲高中(The Loomis Chaffee School)、圣保罗高中(St. Paul's School)、霍奇基斯学院(The Hotchkiss School)、乔特·罗斯玛丽霍尔高中(Choate Rosemary Hall)、迪尔菲尔德学院(Deerfield Academy)、劳伦斯维力高中(The Lawrenceville School)、菲利普斯·埃克塞特学院(Philips Exeter Academy)、安多佛·菲利普斯中学(Phillips Academy Andover)、塔夫脱高中(The Taft School)和希尔中学(The Hill School)。
>
> 十校联盟主要是招生联盟,联盟成员会共同开发新市场或设定一些共同标准、确定每年的招生时间表等,彼此形成一种互利共生的关系,这与单纯的体育赛事联盟不一样。

形成。成立联盟，是为了让我们这些办学理念相似的学校能聚在一起，分享目前的趋势，探讨一些经验，以给孩子更好的教育。同时，我们之间也互相竞争，在赛场上竞争，在学业上也竞争。我们是彼此激励的兄弟姐妹学校。"

这种既合作又竞争的关系在两两对抗的学校间表现得更为充分。比如卢米斯·查菲和肯特高中，就保持了65年的橄榄球赛抗衡。两校比赛，胜利一方将获得"银勺子"——只不过，勺子的尺寸大大超过了普通餐具的大小——作为奖杯。历次胜利后的"捧勺"照片都挂在卢米斯·查菲的综合体育馆内。

布莱尔高中和佩迪中学也是一对竞争学校，它们的对抗同样始于橄榄球，而且是美国私立高中里历史最悠久的校际橄榄球对抗。如今，两校间的对抗关系已由橄榄球变为全面的体育赛事对抗。每年11月的某一天，两所学校会轮流举行"佩迪日"或"布莱尔日"，学校的各支体育队都参与其中，为赢得胜利而努力。

> **TIP**
> **银勺子**
>
> 1921年，卢米斯·查菲和肯特高中两校间的橄榄球比赛在卢米斯·查菲展开，占据主场优势的卢米斯·查菲却以7:14输掉了比赛。
>
> 赛后，卢米斯·查菲的校长巴彻尔德先生依照惯例，邀请双方运动员到家中喝茶。茶会后，巴彻尔德校长发现当天使用的茶具中丢失了一把银勺子。他写信将此事告知肯特的校长希尔，希尔为维护肯特的孩子，回信时言辞激烈。两校的关系因此处于僵持状态。
>
> 第二年，拿走银勺子的肯特少年向校长坦白了，但两校的关系依然僵持。直到1947年，在巴彻尔德先生担任校长25周年庆祝会上，希尔的继任者查乌莫才将完整的故事说给大家听，他归还了银勺子以示友好，同时带来的还有依照那把银勺子制作的一件大号复制品，并提议将此作为两校橄榄球比赛胜者的奖杯。
>
> 从那时起，两间的赛事渐渐由橄榄球扩展到各类体育项目，每年在两校轮流举办"卢米斯-肯特对抗日"。

克里斯多夫·福尔图纳托在布莱尔高中担任校长的第一年，就在主场迎来了第一次比赛日——"佩迪日"。所有项目的校队都参与比拼，每赢一场，学校相应获得一分，累计起来总分最多的学校将捧起奖杯。"那年我们赢了。"福尔图纳托校长仍记得最关键的那场女子双打网球赛，"能否捧杯取决于布莱尔两个十四五岁的女孩。在她们以往的打球过程中，可能从没有10人以上观赛，但当天她们吸引了将近600人。她们打出的每一个球都很关键，最终她们赢了，布莱尔也凭借这一分赢得了比赛日。"

2013年前那场惊心动魄的网球赛也令佩迪中学的校长彼得·奎恩（Peter Quinn）印象深刻。"原本学生们的焦点都在橄榄球场上。通过短信和邮件的传播，大家很快明白决定胜利的赛场是在这场低年级校队的网球比赛，于是人群迅速转移，网球场突然从寥寥3个观众，瞬间聚集了近千人。"奎恩回忆，"我们虽然输了比赛，但这些女孩子是英雄。"

运动场上长达百年的对抗，使学校间超越了普通的竞争关系，形成一种更加亲密的特殊关系。"我们也和其他学校比赛，但布莱尔对于我们来说是唯一的。两校学生会成员会在比赛日到来前一个月开始碰头，商议当天的安排，互相提醒一些需要注意的事项。他们的合作，能使比赛日当天与众不同。"两所学校也因此拉近了距离，奎恩说，"我们取笑布莱尔高中在一个'前不着村，后不着店'的地方，他们则说我们在无趣的平原上，不像他们的地势那么高低起伏。"奎恩形容："我们就像一对亲密敌人。"

（贾冬婷）

3 一个美国家庭的多重教育环境选择

家庭所在地：
波士顿近郊

成员：
爸爸罗伯特，美国一家制造公司 CEO，会多种语言
妈妈拉赞，巴勒斯坦人，毕业于哈佛，现为室内设计师
独生女莉莉娅，2016 年升高中

传统上，拉赞家所在的这个叫"牙买加平原"的区域不那么"精英"。在大街上经常可以听到西班牙语，事实上，这里汇集了大约 30% 的西班牙裔或拉美裔、20% 的非裔、6% 的亚裔。在社区中心的教堂门口，赫然立着"Black Lives Matter"（黑人的命也是命）的大字标语，显示了当地黑人群体的力量。拉赞觉得，这种多样性也是这个社区的迷人之处。最近十年，这里聚集了越来越多的大学教授、政治

人物和艺术家，人们渐渐发现，这里的自然环境也很好，附近还集聚了波士顿最好的医疗资源，地铁去市中心只要半小时。从飙升的房价上就可以看出这里重新显现的价值。

拉赞也是移民，是出生在耶路撒冷的巴勒斯坦人，但从小就习惯了四海为家的生活。她的祖父是奥斯曼土耳其帝国驻英国殖民地大使，曾经在苏联和土耳其生活过。她的父亲在英国读了大学，毕业后在一所国际银行做律师，总是带着家人世界各地行走。拉赞小时候曾在摩洛哥、利比亚、科威特和黎巴嫩生活，去欧洲读寄宿学校，后来到哈佛读大学，在那里遇到罗伯特，才定居美国。一开始拉赞的家人不同意女儿嫁给一个美国人，他们从情感上不喜欢美国人，拉赞用了8年时间才说服父母。她说，罗伯特是美国人，但他的家族并不故步自封。他的祖母家很有权势，家族对尼克松总统很有影响，祖父是希尔斯（Sears）百货的创办者之一。父亲是一家制造公司的CEO，经常与南美企业进行商务往来，会讲8种语言。罗伯特也是个业务遍布很多地域的商人，他会说阿拉伯语、土耳其语、匈牙利语、西班牙语和法语。他和他父亲总是问莉莉娅："你的下一门语言是什么？"

在这个家族里，旅行是一种生活方式。对他们来说，旅行不是待在酒店里，而是去认识不同的人。罗伯特小时候，父母每一年都会选择一个国家，带着孩子在那儿生活一段时间，然后下一年再去。拉赞家也是如此，无论在哪里，他们都认为了解世界的博大是非常重要的。

各地的生活经历一层层叠加在拉赞身上。她原本追随父亲的脚步，在哈佛读了发展学，毕业后为世界银行和美国国际开发署工作，致力于第三世界国家的妇女发展项目。她喜欢钻研各国历史，搜集不同地域有历史感的家具和用品，像燕子筑巢一样把它们一点点搬回家里。

渐渐地，很多朋友发现她家的风格和色彩很特别，口口相传，找她提供家居装饰建议，她索性转行做了室内设计师。波士顿的这栋房子也是她混搭风格的代表作。

像父母以前对她那样，拉赞也会在每年夏天把莉莉娅送去不同地方的夏令营。"世界公民意识非常重要。"拉赞强调，她和罗伯特希望教育带给莉莉娅最重要的一点是，不要只站在美国的角度看问题，而要始终站在全世界的角度看问题。这也是他们选择学校的标准。

从"乡村俱乐部"到女子学校

莉莉娅 3 岁时，拉赞把她送进一所非常有创造性的农场学校上幼儿园。这所学校的理念是，无论春夏秋冬，孩子们都要每天步行 3 英里，亲近大自然，和动物一起玩，甚至可以挨着小动物打个盹。

农场学校是帕克学校（The Park School）的预备校，从农场学校毕业后通常会升入这里。拉赞也送莉莉娅去了帕克读小学，但是 4 年后，他们放弃了。原因和捐赠有关。捐赠在私立学校很普遍，但拉赞觉得帕克的做法未免太露骨，让人不舒服。

更重要的是，帕克有种保守的文化，拉赞称之为"乡村俱乐部"心态。这里的老师们只关心足球队、篮球队，非常维护学校，不希望做出一点改变。如果家长向学校反映什么问题，老师的态度总是那种"我们会调解的，但是不要再深入了"。所以在一开始拉赞选学校时，她问到的学生家长评价都很好，没人有不同声音，莉莉娅就去上了。去了之后才发现，这里不容许与众不同。比如，有一次一个家长对拉赞说："不要让莉莉娅在学校穿得那么不一样，不要炫耀。你看看大家都穿什么。"拉赞很意外,说"这不是炫耀,怎么穿衣服对我们很重要"。

她们感觉进入了一个不属于自己的世界。4年后,她们终于离开了。莉莉娅选了一所女子学校:温莎中学。

如果说帕克学校是一个保守的"乡村俱乐部",那么,温莎中学就是它的反面。"明确,清晰,没有那么多校园政治。在那里你可以做自己,可以和别人不一样。"在拉赞眼里,这种让彼此舒服的社会认同感很重要。

温莎中学是莉莉娅自己的选择,她说这是她对自己做过的最棒的事。这所学校算是一所城市学校,离波士顿市中心不远,周围是波士顿哈佛医学院和许多著名的教学医院。更重要的是,从家到学校只有10分钟车程。和英国的私立寄宿制不太一样,美国学校并不太鼓励高中前寄宿,所以莉莉娅仍然可以每天放学回到家里,享受和父母的共处时光。而且,在一个全是女生的环境里,女孩子们可以心无旁骛地发展个性,说自己想说的话,做自己想做的事。拉赞也渐渐发现了女儿身上的变化,这个原本羞涩的小姑娘变得幽默和自信了。

按传统,温莎中学每年4月底的毕业季都有"毕业恶作剧",有一年楼梯上涂满了蛋糕,还有一年姑娘们竟然在餐厅里放了一个充气城堡。毕业季的另一个传统——始于1913年的"海明威演讲"更能说明温莎中学的价值观。每个12年级学生都要站到讲台上进行5分钟的演讲,主题不限,从中产生六七位优胜者进入决赛,胜出者可以获得奖学金。

莉莉娅去听了2016年的决赛演讲,她印象最深的是一个非裔美国女孩的故事。她谈论自己的肤色,讲述自己如何陷入种族偏见的泥潭里，以及如何被别人定义的种族所左右。莉莉娅觉得，她的演讲很有趣，主题也正与学校的价值观吻合，那就是强调多元化，希望创立一个尊重和包容民族、种族、宗教、社会经济等方面的多元化环境。

不只是毕业生，温莎中学的每一个女孩都有站在舞台中央的机会。莉莉娅就在去年年底的莎士比亚戏剧演出中成了主角。莎士比亚演出已经在温莎中学延续了80多年，作为8年级学生的必修课，整个年级都要参与。最近几年，她们不再演整出剧目，而是选择一个主题，挑选不同剧目中符合这个主题的几幕场景来演。比如确定了"爱情与权力"的主题，挑选出几幕场景，学生们就开始在文学课上阅读和分析古英文写成的剧本，在艺术课上设定场景，在音乐课上创作曲目，最后在年末排演。而且，不只是全年级学生参演，家长们也以志愿者的身份参与其中，特别是筹备演出之后的主题宴会。因为拉赞是设计师，所以她负责了宴会厅的设计，用了大量的红色、紫色和金色的天鹅绒做背景，还带领家长们在桌布上缝制叶子和花，给女孩们编织花冠，整整花了3个多月时间。她说，最重要的是要使一切看起来都非常古老，将大家带回到莎士比亚的年代。

这次演出也为莉莉娅的初中生活画上了一个完美的句号。2016年夏天，她又要离开了。

寄宿学校

莉莉娅的大幅演出照片出现在温莎学校的年刊封面上。她穿着莎士比亚时代的厚重长袍，头戴花冠，双手做出祈祷的姿势，眼神里的光芒仿若圣母。作为独生女,她一直是家庭的中心,拥有父母毫无保留的宠溺。一想到女儿要离开家去寄宿,拉赞在情感上就无法接受。但是就像拉赞所说,莉莉娅已经不是小孩子了,她会惊讶于她什么时候变得这么自信,这么有幽默感,甚至开始对父母有所评判了。拉赞有时候觉得她这一代人对人对事有更加强烈的情感,但是莉莉娅和她的同龄人相比看上去冷漠得多。莉莉娅会说,那是因为这时代变化太快,有那么多新闻需要接收,需要反应,都那么情绪化就太累了。她已经做好了离开家庭和女校"舒适区"的准备。

莉莉娅的日程表排得很满,但她仍然觉得不够。这也是莉莉娅要去寄宿学校的原因。寄宿学校有更多的课程、更多的运动、更多的戏剧、更多的朋友,课后可以和朋友一起去图书馆、咖啡馆。当然,还有更多男生。

转去男女混合学校是自然而然的选择。莉莉娅在 12 岁到 15 岁这 3 年里,在一所女校里锻炼了自信心,但是到了高中阶段,会有些微妙的变化。在女校,只有一两周一次和联谊男校的交流活动,没有多少其他机会认识男生,情况变得有些扭曲。

相比英国人,美国人对寄宿学校的看法有些保留。拉赞的很多朋友听说她要送女儿去寄宿学校,第一反应都很惊讶,"毒品、性、烟、酒……"事实上在任何一所学校里都无法完全避免这些问题,但是寄宿学校的政策也越来越严格了。拉赞问他们如何管束,他们的回答是"零容忍",比如发现谁喝啤酒,那就退学,不容商量。

莉莉娅面试了很多新英格兰地区的顶尖私立学校。这些学校竞争非常激烈,录取率都在 1% 左右,她收到了几所学校的录取信,还有几所进入了等待名单,最终选择了迪尔菲尔德中学(Deerfield

Academy）。迪尔菲尔德中学是一所有深厚传统的学校，1797年建校，几乎和美国的历史一样久。学校归属马萨诸塞州，但位置更靠近纽约，开车过去要两个小时，和父母的见面时间将会减少很多。但是莉莉娅很开心，她迫不及待想冲出小小的波士顿，去拥抱一个更大的世界了。

拉赞更看重学校的国际化。"国际化不是一个标签。很多学校都渴望招收更多国际学生，包括中国学生、韩国学生、中东学生，但他们进来之后，却显示不出特别之处了，学校对他们的要求和其他学生一样。这样的国际化只是学校拿来标榜的。"但是迪尔菲尔德中学不一样，拉赞说："你能感受到他们对世界有着超越自身的兴趣。他们尊重不同背景的人，有关于不同文化的课程，也有更多的语言课程。之前温莎中学里有中文、拉丁语、西班牙语和法语课，而迪尔菲尔德中学除了这四门语言之外，还开设了德语、俄语、日语和阿拉伯语课。没有几个学校有阿拉伯语课，这里有，而且教阿拉伯语的老师来自约旦。"

莉莉娅希望在这里继续她的戏剧拓展，也想参加更多运动，更重要的是，她想在高中继续寻找自己的兴趣所在。她9岁时很想当宇航员，最近又对当皮肤科医生有了兴趣，她接触的世界越大，好奇心就越大。她打算在高中多尝试相关课程，物理学、天文学还有生物学，看看自己到底喜欢什么。

不管莉莉娅以后要做什么，拉赞都希望她不只是活得快乐。"她是我们的女儿，我们当然希望她快乐，但我认为，快乐在美国被过度高估了。生命中有比快乐更重要的事，比如要善解人意，有同情心，更重要的是要去认识和你不同的人，认识世界。"

"妈妈,我想为世界做点不同寻常的事。"莉莉娅曾经这么说。拉赞很高兴,因为她不只是站在美国的角度。"成功的评价标准多种多样,有人以财富衡量,有人以权势等影响力来衡量。对我来说,无论莉莉娅以后做什么,成功都意味着有一个更加深入的看世界的角度。"

(贾冬婷)

4 中美教育：孔子还是苏格拉底？

中国教育和美国教育之间存在哪些差异？它们根植于什么样的文化背景？

在过去的近 30 年里，美国教育学者南茜·派恩（Nancy Pine）到访中国 30 多次，到教室旁听，和老师、家长谈话，试图剖析中美两国教育风格与方式的层层差异。2001 年，她在圣玛丽大学设立了中美桥梁项目，这一项目已经邀请了 10 位中国教师到美国介绍课程情况，还促成了圣玛丽大学和南京大学 500 对同学间建立稳定的邮件往来交流，成为一个持久的跨文化项目。

"一些显而易见的事实是，中国学生都有出众的数学考试成绩，美国学生却没有；美国学生拥有轻松的上课氛围和交谈的自由权，中国学生却没有。中国是教师中心主义，教学经过试演；美国则是学生中心主义，标准多元开放。"南茜说，"这些年我看到了一些变化，但是变化不大，传统教学方式仍然在各自文化中根深蒂固。"

南茜认为，中美两国的教育方式不存在高下之分，她用不同的传统文化去解释差异的存在——儒家思想对勤奋的强调烙印在了信仰里，崇尚冒险的美国人则鼓励自由发展。两国艳羡着对方的模式，尝试着去改变，但是"我们不能照搬对方的惯例，因为这些惯例在我们的国家里可能无法存活"。

孔子还是苏格拉底？

孔子的名字在与南茜交流的中国人口中被多次提及。陕西的一位中学老师说，中国人好客和勤奋的品格都来自孔子思想。来自东部省份的一个大学毕业生说，孔子思想对学习的强调无处不在，让他感到巨大的学习压力。在自然研究所担任主管的朋友说，就算不识字的人都会严格遵循孔子的原则。两个中国朋友在帮南茜做重要教育家列表时也笑着说："哎呀！我们忘了孔子，他可是中国最著名的教育家。"

南茜很难理解一个生活在 2000 多年前的人对现代人的生活仍有影响，于是找来同时代的苏格拉底作为参照。苏格拉底的教学是启发式的，他相信老师对学生有引导作用，学生应当自己思考解决问题的方式。然而，在苏格拉底之后，西方还涌现了卢梭、玛利亚·蒙台梭利、贺拉斯·曼、约翰·杜威等教育学家，教育理念左右摇摆，最后朝着开放式、体验式的方向发展。

相比之下，孔子对中国教育的影响是一以贯之的，他的哲学观念留存在中国人的日常生活中——人当有道德，人生须勤奋，学习以自强。深受儒家思想影响的中国人笃信"我非生而知之者，好古，敏以求之者也"，因此推崇"发愤忘食，乐以忘忧，不知老之将至"的勤奋精神。在中国的教室里，南茜看到的都是正襟危坐的学生，他们聚精会神，随时准备回答老师的提问和改正同学答题时的错误。她感受到一种在美国从未有过的对学习的专注，"仿佛听到孔子在催促他的学生再认真一点，再勤奋一点"。

不同于教师这个职业在美国未受到高度重视的情况，尊师重教也是儒家思想带给中国教育的独特之处。南茜发现，"一日为师，终身为父"的时代虽然已经远去，但是不听从老师指令的学生仍然会被视为麻烦的制造者。中国的年轻人尽管对其接受的严格教育有点失落，但是他们对老师很尊重，因为老师展示了对学科知识的深度理解。

自由松散还是按部就班？

南茜认为，教学调研小组是中国教育中的独特优势。同一科目的老师共享一间大办公室，自由地互相旁听课程，讨论彼此的教学方式，共同设计教学程序。教研组还会组织老师进行跨校交流，去其他学校考察教学情况。实习老师在正式登上讲台之前，需要进行一次试讲，由大学指导员、高级教师和其他学校的老师对他的试讲进行评估。一所学校的校长朱艳琴告诉南茜："如果没有教研组，年轻教师就没法学会如何教学或如何提高自己的教学水平。"

而在美国，老师们不习惯对同行提出负面意见，在偶然的非正式合作中，他们只会称赞对方的优点。教学压力也是美国老师单打独斗的原因。与一天只上三四节课、一人只教一门课程的中国老师相比，在美国当英语老师时的南茜一天要上6节课，其他美国老师还可能承担不止一门课程的教学工作，不要说集体备课，就是独自备课也很难做到深入细致，他们缺乏精心设计每一个教学环节的精力。

"在中国，教学是团队合作，而不是个人工作。"来自广东的历史教师王兴业在洛杉矶看到美国教师"单兵作战"的教学方式后，大为震惊，"中国的教学更为统一和标准化"。

南茜介绍，目前有些美国初高中开始每周腾出一个小时用以共同备课，但多数美国学校还没有足够的人员和财力来实现教研合作，这些尝试往往伴随着财政预算的多少和管理者的重视程度而时有时无。一些大型的教学区曾实行过同侪观摩，很快就因花费过大而被废止了。

课前的集思广益呈现出一种课堂艺术。旁听过一节数学示范课后，南茜发现中美数学教学达到的深度差异很大，中国的老师是在教学生们数学，大部分美国老师只是在教算数。示范课按部就班地从最简单的概念过渡到应用，进而解决更复杂的问题。老师把控着教学节奏，学生只需要填补老师刻意留下的空白。课堂虽未经排练，但也被反复润色过，40分钟后黑板上留下的是完整的、用各色粉笔区分出内容的板书。

南茜想起在美国的课堂上，学生可以自由走动，加入任何小组，和搭档一起合作。老师会穿梭在各个小组之间，提醒他们要注意的重点。"我被老师对课堂的精心安排以及每个孩子跟一大组人清晰对话的能力所吸引。这近乎一场表演，也使我的教学方法瞬间显得随意和不正式。"

后天努力还是先天禀赋？

中美两国对学习能力的看法存在本质区别。南茜说，美国人更欣赏先天能力，经常说："她十分擅长数学，所以这次考试她考得很好。"与此相反，中国人则推崇后天努力，认为"世上无难事，只怕有心人"。

因此，美国人的教学理念倾向于自由随意，中国人则希望通过教育开发出学生后天的潜力。

要让学生安心"敏以求之"不是一件容易的事，只能由老师出面敦促。"严师出高徒"的观念使中国老师常常直截了当地对学生提出批评，这让南茜感到很不自在，她习惯了用更委婉的方式来纠正学生的错误。她曾听到一位老师打断发言迟疑的同学："你最好能完整地回答这个问题。同时，你说话的声音也非常低。"她抑制不住自己的疑惑，向同行的中国研究者询问："老师这种直接的批评会不会使学生很不安？"对方不以为然："这没什么大不了的，这种形式的锻炼很重要，只有这样学生才能更好地说话、朗读。"

南茜无法想象美国学生能够这样轻松地接受批评。过去执教时，南茜倾向于用启发的方式引导学生，甚至还鼓励学生们利用字母天马行空地创造不存在的单词。

布朗大学的研究者金丽和同事发现，如何获取知识——是后来努力还是先天禀赋——所产生的巨大差异导致了教学方式及学习态度的差异。他们找来了中美重点大学的数百名学生，让他们写下能够想到的和学习有关的想法，结果发现两国学生所列出的观点几乎没有重合的地方。研究者们将美国学生的侧重点称为"思维导向"，认为他们将知识与用以获取知识的个人特质区分开来，尽管他们经常谈论事实、信息、技巧以及对世界的理解，但认为学习与他们的情感、精神以及道德生活联系并不密切。相反，中国学生的侧重点是"美德导向"，勤奋是一种美德，学习是修身养性的表现。

南茜想起了心理学家佩塔·迈克奥利的经历。佩塔的孩子在香港的一所双语学校学习，得到了来自西方教师和中国教师迥异的评价。

西方教师形容她的孩子"开朗、热情以及有着强烈的求知欲望",中国教师则说这个孩子"调皮捣蛋,注意力不集中,经常通过提问扰乱课堂纪律"。这充分说明了中国人和美国人在行为和学习方式方面的不同期望。"用对方的眼光来看,中国人的做法扼杀了孩子的童年乐趣,美国人的做法则是对孩子不负责任。我们如何能够将两个方面都做得更好呢?"南茜希望,中美两国能够经过深思熟虑后,再小心翼翼地引进新观念。

自主学习还是应试导向?

2002和2009年,美国分别出台了"不让一个孩子落后"法案和"力争上游"教改立法,规范统一的课程设置在全国范围内普及开来,数学和深度阅读两个领域尤其得到了加强。一些中国教育者在看到美国学校正重现中国极力想要抛弃的应试教育时,都向南茜表达了惊讶之情。

几乎与此同时,中国从1999年开始实行为期10年的"新课改",提倡更多以学生为主的学习方式,鼓励开发能够使学生参与课堂教学和将知识与实际相结合的方法。比如学习统计学时,高中学生要收集班上所有同学的身高数据,根据不同的样本计算平均数。然而,十几年过后,两国向对方教育模式学习的试探都引起了反弹。

美国的"不让一个孩子落后"法案这些年来不断遭到家长的抵制。一位老师对南茜说:"我们正在变成机器人,孩子们都觉得无聊。课堂上再没有时间来鼓励他们对问题进行深入思考。你曾经能看到他们对学习的喜爱和热情,而现在当你告诉他们需要准备另外一次测试的时候，你会看到孩子们的热情消逝得无影无踪。"

高考制度则拖慢了中国教育改革的脚步。家长抱怨说目前的教学和高考联系不紧密，课程难度降低了，考试难度却没有。南茜在中国的责任编辑有一个即将上三年级的儿子，她曾感叹："说是减负，减来减去，学校是减负了，家长没减负，还得给孩子在外面报班学习，对孩子来说时间比以前更紧了。大家都看着成绩一个指标，都得往上挤。"

相比较而言，SAT 成绩仅仅是美国大学众多录取标准中的一环，推荐函、平均成绩、社团经验、个人项目和社区服务等因素都在考虑之列。一位精英理科院校的大一学生对南茜说，与学校的平均成绩相比，自己的 SAT 成绩并不是很好，之所以能够被这所学校录取，正是因为他在高中时参加了一个大公司的暑期研究项目，协助开发了一个生物科技工程的软件。

获取知识还是培养创造力？

张峰是南茜的研究伙伴，在观看加州帕沙第纳举行的美式足球赛时，感觉自己掉进了另一个星球。"小足球队员们用一种近乎漫游和摇摆的姿势以'之'字形方式涌入体育场中心，只有少数队员注意跟随喇叭里的音乐节奏行进。"

他女儿所在的中国学校的运动会正好相反："进入视线的，是一组组步伐整齐、随着音乐节奏前进的方队。"

"这时便出现了一个矛盾，这个矛盾存在于中美两国渴望从对方的教育体系中获得的东西中。美国人希望学生们更加努力学习，以更认真严肃的态度对待教师所教授的内容，但同时又给予他们很大的空间，让他们在不断的失败和尝试中寻找答案，认为这有助于开发他们的思维。我们教导他们将生活与自身的想法以及所学之物联系起来，对手头资料的强化学习却不够重视。而中国人则习惯对孩子耳提面命，教导他们学习该学之物，并给出学习的方式，以期能锻炼孩子的发散性与探索性思维。两国学习的基本模式所巩固强化的，似乎恰恰是各自希望改变甚至根除的。"张峰说。

总有中国的家长和老师问南茜，怎样提供更多的创造性活动，他们担心孩子因为缺乏创造性而丧失在国际上的竞争力。南茜总是说："我首先得知道你们如何定义'创造'。"被反问这个问题时，中国父母通常会提到一些额外的学校活动，一位母亲举了自己孩子参与校刊编辑的例子。南茜也观察到，体育、演讲、撰稿和书法这些活动在中国显得更正式，更具学术气息，目标直指某种特定的结果或成就。在她看来，他们混淆了责任感、领导力和创造性的概念。

创造性在中国有些格格不入，父母们通常一面鼓励孩子发挥想象力，一面又警醒他们在学校要与其他人保持一致。南茜的朋友刘建涛说："如果一个孩子有个新奇的想法，那么老师会说这是不现实的、那是不可能实现的，因此中国的孩子会把他们新奇的想法看作是问题，而不是一些有创造性或是令人兴奋的事情。"

语言学教师徐蕾记得，在她上二年级的时候，老师让同学们讲故事。她想讲一个自己编的故事，被老师严词拒绝："不行，你不能讲这类故事。应该讲我们都知道的故事。"二十多年过去了，当时的沮丧心情她依然记得。

南茜听过很多类似的叙述，他们都得出了一个非此即彼的结论，即美国的课堂充满了想象力，而中国的课堂抹杀了创造力。但她觉得，教育就像生活一样，其实更为复杂。两国的教育系统都滞后于信息时代的要求，当今的学生生活在一个随时可以上网的时代，浑身上下都是"家伙"——笔记本电脑、智能手机、数码相机。这个转变让南茜感到很紧迫："我们需要一套新的系统。在这个系统中，学生的创造性和灵活性能够得到尊重，并且他们能够学到深层次的专业知识。这对于中美教育系统而言，都是很大的挑战。"

（杨文轶）

Part 3 芬兰中学：既卓越又平等

各种国际排名一再验证，芬兰这个北欧小国摘下了教育超级大国的桂冠。最权威的是经合组织（OECD）每隔三年发布一次的国际学生评估（PISA）。2000年以来，在对70多个国家和地区15岁学生的数学、阅读和科学三项能力的评估中，芬兰每次都名列前茅。

为了揭开这个"世界上最好的教育"的秘密，找到卓越教育的秘诀，我们准备挑选那些"最好的学校"，从中找到最新的教学法、最先进的课堂技术以及让人艳羡的校内设施，但当我们探访了多家芬兰中学之后，却没有发现我们预想的这些。这也验证了芬兰驻华大使馆科学与教育参赞米卡·提罗宁（Mika Tirronen）对我们提出的"能否推荐位列芬兰中学排行榜前几位"的答案：芬兰的学校都是公立的，设施均等，也没有成绩排名，并不存在所谓的NO.1。

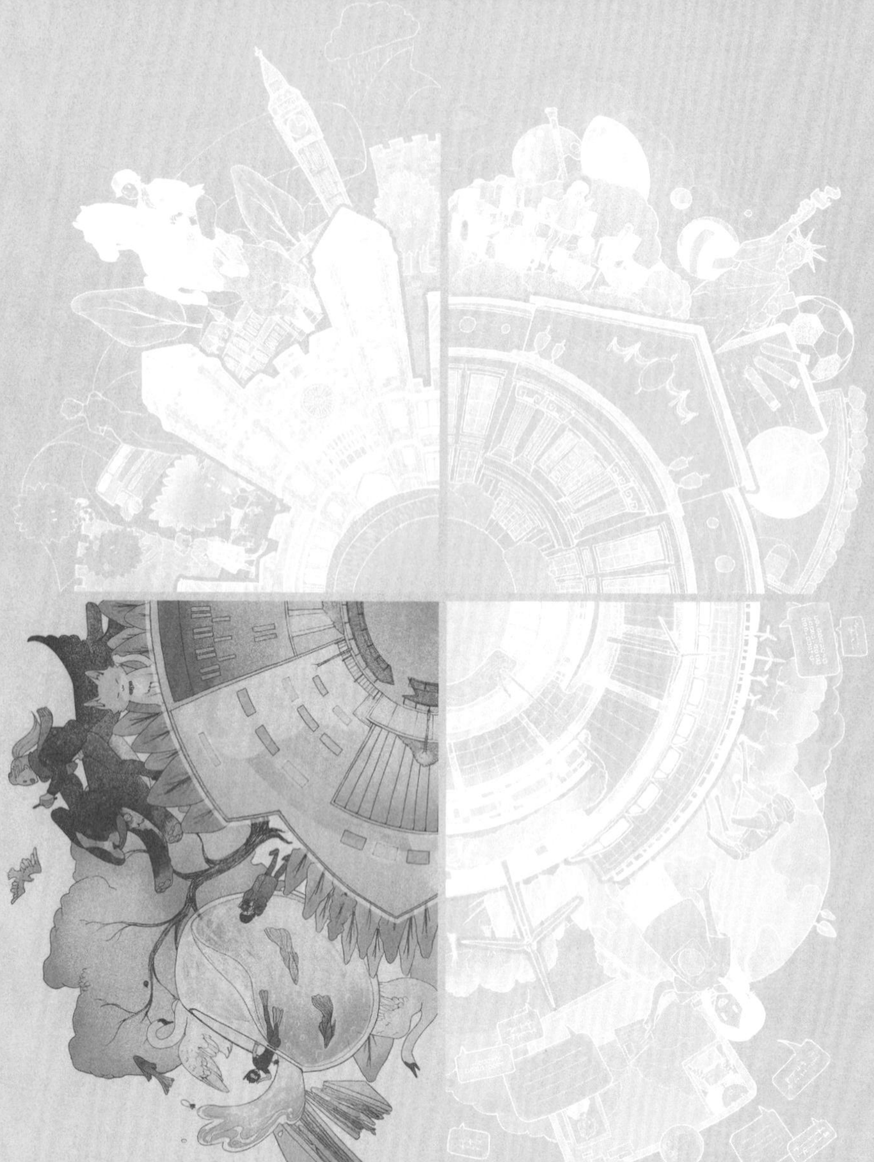

1 世界上最好的教育？

芬兰学校之间的成绩差距极小，所谓的"好学校"与"差学校"的成绩只相差5%。也就是说，不论一个孩子是在赫尔辛基的中心还是偏远的拉普兰，他所接受的教育始终是均衡的。某种意义上来说，这是一个比在PISA评比中名列榜首更加令人震撼的成就。芬兰教育是怎么做到既卓越又平等的呢？

来自高福利社会的巨额投入吗？但据统计，芬兰纳税人的公共教育支出占国内生产总值的5.6%，略低于经合组织成员国的平均支出，更低于美国的7.6%。那是因为芬兰教师的收入更高？事实上，他们比美国同行的收入要低约20%。芬兰孩子的学习时间更长、成绩竞争更激烈？其实不然，芬兰儿童7岁上小学，比一般的国家都迟；一、二年级学生每天不超过5节课，三至九年级不得超过7节课，每上45分钟的课就自由休息15分钟；学校很少考试，几乎不布置家庭作业；学生成绩不进行公开排行，教师和学校也没有与成绩挂钩的激励机制。

事实上，芬兰教育优越性的答案，就隐藏在它的差异性中，在它与20世纪80年代开始的"**全球教育改革运动**"的背道而驰之中。

芬兰的教育体系不依赖标准化课程、高风险学生测验等对学生未来有重大影响的成绩责任制度，而认为学生的内在动力才是促使教育系统发生巨大转变的必要条件。可以说，芬兰经验更关注平等与合作，而不是抉择与竞争。

哈佛教育学院客座教授、芬兰教育专家帕思·萨尔伯格（Pasi Sahlberg）曾主导了20世纪90年代以来的教育改革。他认为，芬兰教育的独特性根植于芬兰社会价值观中，人们普遍认为教育是一种公共利益，如基本人权一般受到宪法保障，因此，芬兰没有公立与私立的二元教育体系，芬兰的教育都由国家出资，也不会让教师薪资取决于学生的测试成绩。平等，是20世纪60年代开启的芬兰教育改革的基石。

> **TIP**
> **全球教育改革运动**
>
> 仍在席卷全球的一系列教育改革目标借鉴了商业管理模式，例如测验责任制、以成绩为基础的薪资，以及基于数据的管理。波士顿大学林奇学院教授安迪·哈格里夫斯（Andy Hargreaves）认为，美国在过去二十年中一直在坚持不懈地奉行这种激素式教育改革，包括小布什政府的"有教无类计划"、奥巴马的"奔向顶峰计划"，充斥着自上而下的干预、市场机制的评价，经营不善的学校纷纷倒闭，新兴学校广泛设置，但结果让人大失所望。如今，这些政策带着更强悍的决心与力道，换汤不换药地继续执行。

sisu 与知识经济

2017年是芬兰独立100周年。对一个在两个超级大国夹缝中生存的小国家来说，1917年从俄国独立出来的意义不言而喻。已故耶鲁大学政治学者塞缪尔·亨廷顿在他的名著《文明的冲突》中指出，芬兰处在世界两大主要文明基督教与东正教的断层线上，两种文化在这里迎面相撞。在某种意义上，芬兰人永远处于撕裂状态：他们一方面受到瑞典的影响，与信仰基督教的欧洲大陆息息相关——文艺复兴、启蒙运动、宗教改革等；另一方面，又与东正教的沙皇、与共产主义制度休戚与共。

可以说，芬兰人应对这种地缘政治平衡的方式，在很大程度上决定了这个国家的历史。帕思·萨尔伯格在他的《芬兰道路》(*Finnish Lessons*) 一书中指出，生存于东西两大强权之间，迫使芬兰人学会接受现实，抓住稍纵即逝的各种契机，寻求合作和共识，这也是建立芬兰教育体系的根基。

从一开始，芬兰的民族认同就与教育息息相关，这在1870年阿莱克西斯·基维（Aleksis Kivi）的长篇小说《七兄弟》中得以清晰体现。这是历史上第一部以芬兰语撰写的小说，讲述一群孤雏兄弟如何明白识字乃是获得幸福人生的关键。在赫尔辛基市中心广场上就塑着一尊阿莱克西斯·基维的青铜雕像，其影响可见一斑。在此之后，阅读逐渐成为芬兰文化内涵的一部分，教育也成为建设文明国家的主要策略。有一句芬兰名谚："不能识字的人，也不能结婚。"

在赫尔辛基最大的书店，一本芬兰人自嘲的漫画**《芬兰人的噩梦》**（*Finnish Nightmares*）占据畅销书排行榜的第一位。翻开一看，里面出现最多的是关于芬兰人的寡言。

芬兰人认为，如果你习惯了长达8个月的冬天，习惯了零下40摄氏度的气温，习惯了国境线内71.6%的森林和18万个湖泊，习惯了夹在瑞典和俄罗斯两个大佬之间，也就会习惯沉默。另一方面，这也形成了sisu精神。

sisu是芬兰语中一个著名的文化词语，指芬兰人特有的坚毅、刚强、果敢的气概，使人能够在面对逆境时表现出毫不动摇的决心，而且始终靠得住。"二战"后开启的教育改革深刻地反映了 sisu 精神，也成为芬兰政治与经济结构发生根本性转变的媒介。帕思·萨尔伯格说，20 世纪 50 年代，芬兰的教育机会并无平等可言。大多数人在六年基础教育完成后就会离开学校，唯有住在大城市的人，才有可能就读文法学校或市民学校。所以，当时的一种呼声是鼓励设立新兴私立学校。但与此同时，芬兰的关键产业逐渐从农业转向工业，这激励了工人阶级家庭，他们坚持认为孩子应该在扩张后的公共教育中获得平等的受益机会。

1963 年，芬兰普通教育委员会通过了原则性的教育改革方案，即把当时的私立文法学校与公立市民学校整合为新的九年义务制综合学校，对所有人开放，即公立学校体系。这次改革从芬兰北部开始，一路向南延伸，历经 10 年达成共识。从那时起，芬兰就开启了"知识经济"路径。因为境内的资源只有森林和水，最有效的增长策略就是依靠知识。

> **TIP**
> 《芬兰人的噩梦》
>
> 这本书的副标题为"另类芬兰社交指南"，主人公马蒂是个线条非常简单的漫画形象，具有典型的芬兰人性格特征，如低调内敛、喜欢安静、重视私人空间。
>
> 2015 年，芬兰平面设计师卡罗利娜·科尔霍宁（Karoliina Korhonen）开始在 Facebook 上创作漫画《芬兰人的噩梦》，起初只是想给异国朋友们分享一些笑话。比如"一个内向的芬兰人和你说话的时候看着自己的鞋子，一个外向的芬兰人和你说话的时候看着你的鞋子"。又如，两个许久不见的老朋友不期而遇，决定去喝几杯庆祝，很快找到一间酒吧，挑了一处安静的位置，点了酒。两人不发一语，喝完第一轮，又喝第二轮、第三轮，一直没有开口说话。当第四轮的酒即将入喉之际，其中一人举起杯子说："干杯！"他的朋友不耐烦地说："我们来这里，不是为了喝酒的吗？"
>
> 2018 年，《芬兰人的噩梦》引进中国，在中国社交平台上走红，甚至催生了一个网络词"精芬"来形容社交尴尬。

知识的积累与发展，也是芬兰得以脱离经济衰退的关键。受 1993 年以来的苏联解体、芬兰银行体系经济危机以及欧盟整合等大事件的影响，芬兰发生了自 30 年代以来最严重的经济衰退，但政府出人意料地开始大量投资产业革新，其中最关键的是致力于通信产业多元化，尤其是对诺基亚的协助，对其一家的投资就占国家研发投资的 25%，由此催生的焕然一新的电子产业也成为经济复苏的主要推力。到 2003 年，芬兰每千人中有 22 人投入知识产业，几乎是当时经合组织成员国平均值的三倍。

下一个诺基亚在哪里？

提起芬兰，人们会想到什么？周游世界的外交官米卡说，10 年前，最多的答案或许是"诺基亚"，而现在，则是"教育"。帕思·萨尔伯格认为，如果比较不同领域的两者，会发现不少饶有兴味的相似性。

坦佩雷教育局"全球坦佩雷教育"项目主任金穆兰（Jin Muranen）一家之前住在芬兰中部的小镇诺基亚——诺基亚公司的发源地。140 年前，它只是诺基亚河畔的一个造纸厂，之后将生产范围拓展到电缆、橡胶和电子领域。当 20 世纪 70 年代欧洲通信产业解禁，全球迈入移动通信年代之后，诺基亚迅速转型，专注于移动通信，这让它在 1990 年至 2000 年成为全球移动通信产业的龙头。

几乎在诺基亚转型的同期，芬兰教育体系也开始转型。

20 世纪 60 年代初期，芬兰只有 10% 左右的人拥有高中学历。70 年代开始，芬兰开始引入崭新的公立学校体系，由此产生了迅速的、根本性的影响。帕思·萨尔伯格指出，20 世纪 90 年代末，芬兰就成为世界上阅读、科学与数学能力的领先者。他认为，芬兰教育体系在如此短暂的时间内从过去的精英、大众的双轨体系，转向平等的教育体系，也让它成为一个组织剧烈转型的范例。

帕思·萨尔伯格在20世纪90年代任职芬兰教育部，主持当时的国家科学课程大纲架构，也曾就教育问题与诺基亚高层沟通。让他深受启发的是，诺基亚提出，芬兰要想继续领导信息产业，人才是关键。他们期望雇用最有创新力和劳动力的人才，并且让这些人拥有合作与冒险的自由。无论是诺基亚还是芬兰教育体系，其内在文化都在于鼓励创意、企业家精神以及个人责任感。遗憾的是，诺基亚的光环自2010年起开始暗淡了。诺基亚手机曾在全球市场上占据40%的份额，最后却被微软廉价吞掉。

金穆兰和先生帕思·莫兰纳（Pasi Muranen）三年前搬到赫尔辛基的卫星城埃斯波（Espoo），诺基亚全球总部所在地，深刻地感受到后诺基亚时代的变化。现在芬兰人都在问：下一个诺基亚在哪里？从某种意义上来说，诺基亚的衰落也不完全是坏事，至少如今知识经济的体现更加多元化，鸡蛋不全在同一个篮子里。在诺基亚总部周边，涌出了无数基于移动互联网的初创公司，知名的包括"愤怒的小鸟"、"部落冲突"、Jolla等新贵，原本一家独大的产业格局变成了百家争鸣，未来的诺基亚可能就诞生在它们中间，而其根基还是教育。

伴随着PISA排行榜的持续居高，芬兰人对教育的未来预期更高，甚至认为是继诺基亚之后的最大希望。芬兰在2011年通过了"教育出口战略"，试图将教育理念甚至产品输出全球。2016年8月，芬兰开始实施新课程改革，但并未废除分科教学，而是将教学重点放在跨学科学习上。坦佩雷大学中芬教育研究中心主任蔡瑜琢教授说，自20

世纪80年代以来，芬兰每十年就会进行一次国家课程改革。这一次的改革纲领2014年就由芬兰国家教育委员会公布了，经过两年的论证才开始正式实施。可以说，每一次的改革都是颠覆性的，因为面对的是未来的十年。

未来会怎么样？蔡瑜琢认为，当今社会面临的重重挑战——气候变化、全球经济波动、人口老龄化、现代科技相关风险、流行病和大规模移民，需要生活方式的变革和全新的行动主义。而信息技术、人工智能的急速发展，已经预示了未来人才的结构性变化，甚至一半以上的职业都将不复存在。既然未来变化不可预知，那么就要去培养一种应对变化的能力。

新课程改革的目标是培养适应瞬息万变的未来社会的人才，因此要最大限度地增强学生主动学习的参与度，以及构建师生互动的学习共同体。其中一个改革重点是促进"横贯能力"（Transversal Competences）向传统学科教学的渗入。

所谓横贯能力，是指贯穿于不同学科和领域所需要的通用能力。新课程描述了七种横贯能力，分别为：思考与学习的能力，文化识读、互动与表达能力，自我照顾、日常生活技能与保护自身安全的能力，多元识读能力，数字化能力，工作生活能力与创业精神，参与、影响并为可持续性未来负责的能力。帕思·萨尔伯格说，横贯能力看上去抽象，其实也就是在现实生活中解决问题所需要的态度、知识和技能。

与横贯能力培养相关的一大教学改革是现象教学。虽然新课程仍以分科课程为主，但还会继续教授数学、历史、艺术、音乐和其他课程，因为这是横贯能力的源头。不同的是，改革后会将横贯能力渗透进各个学科的日常教学之中，而且各学校每学年至少组织一次跨学科学习模块，即基于某种现象的教学，如芬兰独立100年、移民问题，或是学校附近新开通的地铁，内容涉及语言、地理、科学等多学科。

这次新课程改革的一个背景是，芬兰最近一次的PISA成绩已经有所下滑。但显然，芬兰教育委员会并没有针对这一局面来实施改革，而是将注意力放在不会立竿见影的跨学科学习和现象教学上。

"PISA的排名或许会下降，但那有什么关系呢？PISA就好比量血压，让我们可以不时检查一下自己的走向，但它不是永久性的关注焦点。影响教育决策的关键因素是年轻人应对未来的能力。"帕思·萨尔伯格表示。

由此可见，新课程改革仍是对芬兰一贯秉承的教育理念的进一步强化，即教育以学生为中心，学校、教师与学生共同创造学习社群，让每个学生从中发现自己的兴趣和天赋，发展个人学习地图。

自由与责任：芬兰教育中的教师角色

芬兰教育一系列影响因素中最宝贵的，是教师。在芬兰，教师是最受推崇的职业，这不是因为收入水平，事实上，芬兰教师的薪资仅略高于芬兰平均薪资，与经合组织成员国的平均水平相当；更重要的是，教师在芬兰文化中是开拓者，关系到心智建设、认同建构，享受着整个社会的尊敬和信任。教师职业吸引着最聪明的学生，而且都具备硕士以上的学历，因为芬兰人认为，教师必须是研究型的，他们有能力学习，才有能力创新教学，教育水平才会不断提升。

芬兰的中小学老师享受很大的自由，他们可以选用不同的教材，采用不同的授课方法，按照各自的标准进行小测验。学校里没有巡视员（Inspector），教师的工资和教课年限及所担任职务的工作小时有关，但不会和学生们的表现挂钩。这种情况下如何确保教师都表现合格？芬兰教师工会主席马蒂·哈里莫（Matti Helimo）这样回答："每位教师的能力在进入师范专业前的入学考试中就得到了检测。他们在大学学习的五年中，每年都要去学校讲课实践，大学老师会对每堂课进行反馈，大家一起讨论学习。如果某位老师能力不够，那么他的同事或者学生、学生家长都会反映，最终由校长来判断。"

大学里的师范专业多年来吸引着最优秀的学生报考，教师这个职业的吸引力甚至在医生、律师和建筑师等职业之前，尽管教师的薪水只是中等水平。赫尔辛基大学教育科学院教授汉内勒·涅米（Hannele Niemi）认为，这一方面和芬兰尊师重教的传统有关。"芬兰夹在瑞典和俄罗斯两个大国之间，一直在为寻找民族身份和价值观而努力，教师被看作传承民族传统的关键群体。而500多年前，芬兰成为以路德教派为主的国家，它要求每个人都有阅读《圣经》等宗教经典的能力，能否识字读书甚至成为教会是否批准一桩婚姻的标准。当时就有很多关于深度学习的讨论。"另一方面，申请师范专业的学生多、挑选程序复杂，要求必须读完硕士学位，最好的学生也乐于接受这样的申请挑战。

在芬兰，中小学老师主要包括在九年级综合学校低年级（1—6年级）进行教学的全科教师（Class Teacher）和在高年级（7—9年级）以及高中（10—12年级）进行教学的学科老师（Subject Teacher）。全科老师的要求最高，报考竞争也最激烈，因为他们的专业是教育学，教育理论背景更强；学科老师的研究领域是特定学科，教育学背景仅是学士水平。每年的师范专业考试，如果报考全科教师的专业，除了大学入学考试成绩（Matriculation Exam）要高之外，在大学入学专业考试里还要回答一系列关于教育的问题。笔试之后有面试，申请者要展现出积极的个性、良好的沟通技巧以及职业奉献的决心。每年全科教师的录取比例为10∶1，可见被录取者都是佼佼者。

芬兰的小学一般到了高年级，测验才会出现分数。初中升高中的时候要拿分数申请，这个分数也是平时作业、课堂表现和测验累计在一起的结果。唯一一次的全国性质的标准化统一考试就是高中会考。芬兰人普遍认为统一考试是弊大于利的，它不仅会剥夺教师的独立性——这是作为教师宝贵的一点，还会花费大量资金。如果学校和老师在接受拨款和收入上都和考试挂钩，那么还可能出现成绩作假的现象。每年的会考结束之后，各个学校学生的会考成绩都是透明可查询的，家长完全可以根据这个决定把孩子送到哪里，但整个社会舆论的风气就是不以此作为议题。

"芬兰教师关注的是投入，而不是结果，整体教学思路以提升质量为导向。他们也会用到各种评估工具，但这是为了知道学生需要哪些帮助。芬兰强调的'终身学习'，不是说某个阶段就到此为止了。老师的责任是帮助学生能够平稳进入下一个阶段。"汉内勒·涅米这样说。

"全纳教育"（Inclusive Education）就是这种观念的体现，通过提供满足不同层次需求的教育，让学生之间的差异最小。它分为课内个别辅导、课后个别辅导、个别学科辅导、特殊班级、特殊学校、语言补习班和母语教育等不同层次。根据学生的需求程度，从课内发展到课外。

我们能从芬兰教育中学到什么？

芬兰教育往往被认为是一个无法模仿的特例。它所脱胎的社会背景，从人口到资源再到高福利制度，甚至在斯堪的纳维亚国家中也独树一帜。根据美国人类学家爱德华·T. 霍尔（Edward T. Hall）著名的高语境/低语境理论，移民只有2.5%的芬兰应该是典型的高语境文化，即人们具有相同的期待、体验、背景乃至基因，这应该也是芬兰的教育改革更容易达成共识，教育表现也更平均的一个原因。

那么，我们能从芬兰教育中学到什么呢？蔡瑜琢提出一个新的角度：不要只看现在的结果，而要看这一结果的形成过程。在20世纪60年代以前，芬兰的教育体系并不突出，从那个起点来看，转变是怎么逐渐发生的呢？

蔡瑜琢说，芬兰教育其实也是学习国际经验的结果。芬兰早年学习英国、美国，还有邻居瑞典，最近几年上海的PISA成绩突出，他们也来学习上海经验，比如怎么维持课堂秩序、怎么让家长多参与等。他认为，学习芬兰是怎么学习别人经验的，也很重要。另外，芬兰每一次重大教育改革都基于充分的研究和讨论，20世纪60年代的改革花了10年才达成全民共识。而每一个新的10年，都会推出一版颠覆性的新方案，这也是sisu精神的一种体现。

帕思·萨尔伯格将芬兰在教育方面的独特思维总结为"少即是多"。他认为，芬兰人在处理问题和创新思维的背后，往往蕴藏着"小思维带来大不同"的想法，教育也是如此：教得越少，学得越多。传统理念认为，只要增加授课时间和强度，学生就能够有所成长。芬兰挑战了这一观念。芬兰的入学年龄是 7 岁，每天在校时间更短，家庭作业也采用最少原则，时间很少超过半个小时。而国际比较研究表明，芬兰学生更少出现学习焦虑与压力现象。相应地，教师的授课时间也较少，从而有更多时间参与到教学改善中去，也更能提升个人的专业水平。

考试越少，学得越多。在目前的全球趋势下，竞争、选择、更多考试是提升教育质量的必要条件，标准化测试成为风潮。但芬兰人认为，当教师处在高风险测验的环境下，他就必须重新设计教学方法，提高考试科目的有限性，这会让教育沦为压榨学生脑力的工具。因此，芬兰唯一的高风险测试就是高中毕业会考，平时教师可以专心发展教学，不用经常受到考试或者评价的困扰。

越多元，越平等。一方面，无论儿童在哪里长大，都能免费接受良好的学校教育，接触到高素质的教师，遵循平衡的课程大纲，享用免费的午餐。另一方面，帕思·萨尔伯格说，在 1995 年加入欧盟以后，芬兰的文化与族群多元成长速度比任何其他欧盟国家都快。为适应这一情况，老师会根据学生不同的能力、兴趣与族群特质授课，以在多元文化与复杂社会背景下维持卓越且平等的教育环境。

（贾冬婷）

2 不争第一的芬兰教育：少即是多

在明亮、温暖、葱翠的夏日森林里穿行了十几分钟，地处赫尔辛基卫星城埃斯波的凯塔学校（Kaitaa School）才在林中若隐若现。

"几乎每一所学校都在森林里，因为森林无处不在啊。"校长里特瓦·麦克森（Ritva Mickelsson）笑着说，很多老师会随时把课堂设在户外，比如环境课、地理课、艺术课，自然就是最好的教科书。

"它叫珊妮（Cenny）。"麦克森校长爱抚着与她形影不离的白色萨摩耶。珊妮不仅是她一个人的狗，还是整个学校的"校狗"。四年前，珊妮跟着她来到凯塔学校，很多人都疑惑："狗怎么也来了？"渐渐地，学校里每个人都熟悉珊妮了，平时麦克森校长去哪儿，狗就跟去哪儿，每进一间教室，孩子们就都笑了，好心情会伴随他们一天。2017年春天，麦克森暂时离开校长职位一年去攻读博士学位，珊妮也跟着走了，大家很不习惯，于是又找来了另一条校狗阿斯卡。

有狗在会发生什么？麦克森校长告诉我们，有些孩子不太善于表达自己的感情，为了显得有面子，见了她说话也硬邦邦的，但当她带了珊妮同去，他们就变得柔软了。里特瓦·麦克森最初是特殊教育教师，她班上的学生有 1 个存在行为问题，11 个有学习障碍，还有几个有孤独症。她在 1998 年将动物引入特殊教育教学中，发现效果特别显著，除了能安抚情绪、沟通情感，还可以辅助阅读。他们尝试在阅读障碍学生读书时让狗陪伴。"有狗在旁边听，孩子们会有一种满足感，因为他们是掌控局面的人，还要学习移情与互动。当他们朗读给狗听的时候，会发现自己其实读得挺好。"

芬兰国家教育委员会前主席、埃斯波市副市长奥利斯·佩特卡拉（Aulis Pitkälä）说，不是每一所学校都有动物辅助教学，但多种方式、多种层次的特殊教育的确是芬兰学校的一大优势。这背后的理念仍然是教育平等原则，认为每个儿童和青少年都有权利享受优质教育，无论他们自身条件存在何种局限。

平等与包容：在同一个课堂中

芬兰的"特殊教育"（Special Education）其实是一个特别宽泛的概念，面向的并不是想象中的狭窄人群。它的内涵，用"全纳教育"（Inclusive Education）来表述会更准确，即一种容纳所有学生、促进积极参与、满足不同需求的教育。一个统计数字令人惊讶：芬兰完成义务教育的 16 岁儿童中，超过一半都曾经在求学期间接受过不同类型的特殊教育支持。

于韦斯屈莱大学研究员奥利－派卡·麦立安（Olli-Pekka Malinen）曾比较过中国和芬兰两国的特殊教育。他认为，中国对特殊教育的界定比较狭窄，教育对象指有严重问题的儿童，包括智力障碍、严重感官或者身体残疾、精神健康问题，比例仅占全部儿童的 1%。除了特殊学校，普通学校对其他的问题儿童缺乏细分，也缺乏特殊支持。而芬兰对"特殊"的定义要宽泛得多，也宽容得多。20世纪90年代以来的一个趋势是，参与特殊教育的学生人数在逐渐递增，但芬兰的特殊教育学校却在逐渐减少，更多学生会进入普通学校学习，这也是因为全纳教育的理念。对问题的划分也越来越细致，除了传统中的身体、智力及精神障碍，还有各种程度的发育迟缓、情绪障碍、孤独症谱系障碍、阅读障碍、行为问题等，甚至还包括偏科和移民问题。一旦需要，学生便有权获得特殊支持，其他学生通常并不知道这个学生有可能得到哪一种和哪一级别的支持。

位于坦佩雷郊区的哈坦帕学校（Hatanpaa Comprehensive School）的校长阿托·涅米内（Arto Nieminen）也主张全纳教育的理念。他认为，不能只是因为孩子有学习障碍或行为障碍，就把他们送进特殊教育学校，他们应当和普通人一样，接受正常的教育。"如果一个孩子有某种能力缺失，那不断地培训这种能力就好了，这就和一个不擅长数学的孩子要多补习数学一样。我们不能因为一个孩子数学不好而让他一辈子学习数学，同样地，我们也不能让问题孩子只接受特殊教育。"

在哈坦帕学校，大多数需要帮助的学生会和其他学生在同一个课堂学习。对他们有各种方式的特殊支持，包括小组补习、个人咨询辅导，甚至是根据个人情况单独授课。如果学校发现某个学生长期存在多方面的学习困难，会针对该学生制订个人学习计划，安排特教教师和轮值助教辅导，还可能会将其放入特殊班级。

因为地处坦佩雷郊区，附近有一些移民聚居区和难民庇护所，哈坦帕学校也要面对日益增长的移民儿童教育问题。2017年学校的移民

> 科利娜·崔葛老师的数学课

科利娜·崔葛（Cllina Trygg）老师的数学课乍看上去没什么特别，崔葛老师在讲台讲课，下面有 10 个学生在听。但仔细观察会发现，每个学生的课本、翻看的页码都不太一样，有的会不时看看黑板，有的却趴在桌上，一个女生甚至全程戴着耳机看视频。最后一排一个男生看到有人进去就手舞足蹈起来，还不停地扮鬼脸，坐他旁边的助教老师不断地提醒他。

崔葛老师面对的是个特殊班级，班上的学生分三种程度，不同的学生持不同的课本，要想解决他们的数学难题，往往需要很长时间。看视频的那个女生已经掌握了这节课的内容，所以被允许做自己想做的事，但不能影响别人。扮鬼脸的男生问题比较严重，所以配备了专职助教辅导。

虽然普通数学课程教起来相对轻松，但崔葛老师更喜欢小班教学，她可以掌握每个学生的需求，并及时向他们提供帮助。她会针对不同的孩子采取不同的方法，比如遇到芬兰语还不熟练的国际学生，她除了耐心教他们读题外，还会用绘画来表达；对有阅读障碍的孩子，还会提供音乐 CD，让他们更多地使用听觉。

学生占 16%，因为芬兰接收的难民在增加，这一数字也在增加。如何让这些来自不同文化背景的孩子成为未来社会的积极分子，也是一个相当大的挑战。

特赫·库卡（Terhi Kuokka）教授的芬兰语融合课就是针对移民学生设立的。这些孩子中的一部分是因为父母移民来到芬兰，还有一部分是来自阿富汗、叙利亚、伊拉克等国的难民。"即使这些孩子不确定自己以后是否会待在芬兰，他们也有权利接受和其他孩子一样的教育。许多人来自战争国家，失去了父亲和母亲，甚至见证了杀戮场面，会有或多或少的心理问题，我不得不在教学中考虑这一点。他们在学校环境中结识各种各样的其他学生是有好处的，这是社会融合的第一步。"库卡说。

有一些学生初中毕业后不想继续读书，或者没想好读普通高中还是职业学校，学校有针对他们设计的延时课程，即所谓的"十年级"。教室像是个自习室，提供咖啡和茶，学生们可以自由地做自己的事情。老师汉娜·琪利拉（Hanna Qiilila）在其中的角色像心理咨询师，但不会介入那么多，只是倾听他们的想法，让他们感觉自在。

内生动力：玩中学，做中学

在现代社会，教育的一大挑战在于父母时间的匮缺，儿童通常不得不过于快速地成长，尽早独立并学会适应；另一个挑战是信息的涌入。那么，未来的学校应如何应对？在何处划定界限？

坦佩雷基础教育处处长克里斯蒂娜·雅维拉（Kristiina Jarvela）说，芬兰的做法是直面现实，让课堂与真实世界接轨。与此同时，学校一直坚持平等的价值观，提供人性化的支持，让学生们能在学校感觉到自己被接纳、尊重和信任，会更加愿意学习知识和技能。这也是芬兰学校最为成功之处。她认为，艺术和家政类科目对于学生形成平衡的个性尤为重要，这类科目有助于提高学生学习的动力，并给他们提供额外的挑战，所以教育局总是鼓励学校发展这方面的特长。

芬兰的家政课可以追溯到1998年，当时颁布的《义务教育法》明确了要教儿童生活所需的基本知识和技能。从此，家政课在中小学广泛开展，从生活中的基本场景入手，如餐桌礼仪、健康饮食、家务的分工与合作、垃圾回收、规划零用钱等，不仅教育孩子基本生存技能以及良好健康的生活习惯，还引导他们如何进行人际交往，探索建立未来良好的家庭关系，锻炼快乐生活和自我管理的能力。

新课程改革之后，坦佩雷的艾特拉-赫万塔学校（Etelä-Hervanta School）尝试着将家政课与其他科学课程结合起来，由不同科目的老师一起上课，比如七年级学生每周有一次家政课，计划在厨房里进行烘焙和烹饪的化学实验，也打算去参观一些食品实验室和食品工厂；八年级和九年级会开设生物化学课，研究环境对人类行为的影响，由生物和化学老师来协作。校长乌拉-麦吉·奥贾拉米（Ulla-Maija Ojalammi）说，学校以科学为特色，所以尝试了这项新的实验科学计划，将生物、物理、化学、数学和经济学融合在一起，形成一次现象教学，这也是对新课程改革的回应。

教育部鼓励一些规模较大的学校发展某领域的特长，万塔市（Vantaa）的瓦斯卡沃瑞高中（Vaskivuori Upper Secondary School）选择了音乐、舞蹈和传媒，而且拿到了特殊的科目许可。加入这三类科目培养，必须在入学时经过专门考试，艺术成绩的比重占总成绩的一半。

在芬兰，有十所普通高中设置了这类专业音乐科目，而设置舞蹈科目的则有三所。

老校长艾拉·卡斯帕（Eira Kasper）认为，有些学生有音乐或舞蹈才能，但日后不一定要成为音乐家或舞蹈家，他们可以是律师、医生，但对艺术有一些特殊需要。卡斯帕对刚开始实施的新课程改革并不认同，认为那意味着更多的跨学科学习，相应地会减少学生们与艺术相伴的时间。

卡斯帕最初是音乐老师，也是因为这个原因，她成为这所音乐特色高中的校长，而且一干就是 22 年。瓦斯卡沃瑞高中几乎所有的音乐老师同时也是表演艺术家，音乐老师约尔还记得 20 多年前来这所学校当老师时，发现音乐部门的负责人马蒂似曾相识，竟然是他最喜欢的重金属乐队 Jarnaes 的成员之一，演奏萨克斯的那个家伙。

凯塔学校的视觉艺术课程也不普通，它是一种强化课程，需要通过专门的考试。艺术课老师玛丽亚·安纳拉（Maria Annala）说，所谓强化，一是时间拉长，每节课从 45 分钟变为 75 分钟，每周两节课；二是试着给学生更多的自由空间和时间，因为每个人都有不同的节奏。

艺术课没有考试，但玛丽亚老师有一整套基于作品的评价体系。很多学生有现实目标，比如"我想学习如何画得更好"，但她认为，视觉艺术不仅仅是学习技术，也是一种思考、了解并评判文化的方式，她鼓励学生们的多样性和批判性，经常带学生们走出教室，去森林和湖畔，去美术馆和博物馆，"因为不同类型的城市环境、自然环境、媒体文化都是视觉文化的一部分。学生们深入身边的视觉文化中边做边学，才能最终运用视觉语言形成自己的表达。"

学术还是技术：没有死胡同

观察芬兰教育体系，令人印象最深的是它的多条通道以及在多条通道上的可转换性。特别是初中毕业以后，会明显地分出两条路：一条路是普通高中，对应综合性大学；另一条路是职业高中，之后一般会直接就业，或者再进入应用科技类大学深造。学生可以随时在这两条路上转换，甚至可以两者兼得。

在芬兰人的观念中，职业教育与普通高中教育是平起平坐的，大约 45% 的芬兰学生初中毕业后会选择职业教育，与选择普通高中的人数几乎相当。一项调查显示，选择职业学校的原因首先是"基于个人兴趣和职业向往"，几乎没有人是因为"分数不够，上不了普通高中"而被迫选择的。当然，两条路径各自的出发点、培养方式、达成目标都不同。金穆兰说，职业学校的课程有很大比例是与企业合作的，甚至可以完全不听课，一进学校就选定一个项目进行创业，会有孵化器提供相应的支持。

芬兰第二大中等职业教育学校特雷度（Tredu）就位于坦佩雷，共有 21 个校区，各个校区的地理位置都和该地的行业有关，比如飞机修理专业设在坦佩雷机场附近。贴近行业所在地，是为了让职业教育与学生的未来工作紧密衔接。此外，专业设置还会紧跟地方经济发展的最新动态。坦佩雷原本是一个纺织业和制鞋业都很发达的工业城市，但随着工业转移，如今制鞋业在坦佩雷已经几乎没有市场，因此特雷度学校果断取消了制鞋专业。

窗外不时有飞机起落的特雷度校区更像一个工厂，每一个车间里都放着大大小小的飞机，教室就设在通往车间的途中。校区培训经理朱汉尼·安世拉（Juhani Anthila）介绍，学生们最先接受的是安保系统培训，然后是火警系统、机械事故等八种预备课程培训，之后才能触摸到飞机。

一个车间陈列着各种军用飞机，包括瑞士战斗机以及美国海军"大黄蜂"战斗机，这是专门为一、二年级学生提供练习的地方，学生们可以把零部件从飞机上拆下来，研究或修理之后再装回去。安世拉指着机舱里部分裸露出来的细小电线说，这些电线如果打开，长度可达几千米，与日常见到的电线在价格上有天壤之别。学生们需要从这些密密麻麻的电线丛林间找到出错点，把它们修好。这听起来几乎是一件不可能完成的任务，但很多学生在三年的理论学习和技术练习之后都可以做到。

另一个车间里的飞机看上去更熟悉，是几架20世纪70年代以来的民用飞机。虽然这些飞机的内部系统依然可以工作，但它们已经不用于飞行，只供学生们练习和培训用。特雷度学校里的头号庞然大物是芬兰所有飞机修理学校里最大的客机。

安世拉说，芬兰只有七所职业学校有飞机修理专业，而既教飞机修理技术，又教飞机自动化技术的只有特雷度，这样的学校在欧洲也不过十所。特雷度飞机修理专业的教师都是像他一样有丰富职业经历的人。安世拉1996年加入特雷度学校负责培训，此前他为芬兰空军工作了23年，从事飞机自动化技术方面的工作，可以说一辈子都在和飞机打交道。

现任助教亚历山大曾在此就读，毕业后前往瑞士私人飞机修理公司工作了两年，修理类似庞巴迪等小型私人飞机，后来回到芬兰进坦佩雷应用科技大学深造了飞机工程师专业。他在选择飞机修理专业之前，完全是一个零基础的门外汉，只是觉得飞机修理听起来很酷。真正进入飞机修理专业学习，他才发现三年中 2460 个小时的训练不是闹着玩的，但他逐渐开始享受双手掌握技能的充实感，长时间的练习和坚持让看似复杂的难题变得简单。"只要你想，就可以做到，不管是学习还是工作。芬兰教育没有死胡同。"

开放式空间：终身学习的可能

比起大多数芬兰学校的朴素和低调，埃斯波国际学校（Espoo International School）的素混凝土不规则几何体的建筑外形实在有些特殊。

这个灰色几何体是若干不同功能空间的组合，叫"奥匹玛卡学习中心"（Opinmäki Learning Centre），埃斯波国际学校只是其中之一。走进去，视线所及是开敞的采光中庭、巨大的楼梯、长长的走廊，空间生动而多变，不像是被教室规则分隔的传统学校。校长安妮-玛丽·拉波（Anne-Marie Rapo）介绍，这个校区是在 2014 年新一轮教育改革之后设计新建的，为了与新课程规划相呼应，建筑师改变了传统的教室分隔和桌椅排布，重新设计成灵活的、随意的开放式教学空间。这个打破常规的设计获得了 2016 年国际教育城市协会颁发的最佳奖。

这种基于教育改革的校园更新，是芬兰正在进行的一项雄心勃勃的计划，牵涉到全国的 4800 所学校。目前芬兰大部分学校的布局依然采用传统模式，教育部计划通过改建和扩建，逐步让所有学校过渡到统一的设计核心中，即更开放的学习空间。

其实，开放式学校已经拥有半个多世纪的历史，最早出现在"二战"后的英国公共学校，之后是 20 世纪 70 年代的美国——教室变得色彩斑斓，教室间的隔墙被敲掉，学校看上去像一座活跃的咖啡厅……然而，这些试验并不成功，甚至造成了秩序混乱、成绩下降、校园暴力等。现在芬兰试图用一种全新的方式建造开放式学校，他们面临的挑战是，如何在创造灵活、轻松的教育环境的同时还能够维持有序、温馨的学习氛围。

作为空间使用者的埃斯波国际学校的师生们最有发言权。虽然这里是一个开放性的空间，但并不是一座开阔的大厅。建筑师通过拉长动线，将集中的课间活动区域安置在走廊的尽端，再加上整栋建筑的灰色基调，让人感觉安静有序。新的学校设计就像"跨学科能力"和"现象教育"的一个空间基础。教室内部不再是单一的课桌椅，而增加了大量沙发椅、沙发、摇椅、软垫等，教室之间还设置了可以移动的隔墙，随时可以根据需要分隔或打开。教室内外的界限也被模糊了，上课时，教室外各种围合区域里也不时有小组讨论或个人自习。

安妮-玛丽说，传统意义上，老师们进入课堂，关上教室门开始教学；而新的设计让学习环境更加开放，这让学生和老师更容易相互看到，也更容易合作。多样化教室也为教学提供了更多新思路，一个空间既可以变成开放的讨论区，也可以变成私密的谈话或阅读空间，教师们可以带上笔记本电脑，选一片区域带领学生学习，学生可以选择在教室内或教室外的空间活动。每一个学生的学习方式不尽相同，他们试图使学习变得个人化。

开放式空间也让现象教学变为可能。在科学学习区域，有一个物理实验室、化学实验室和两个生物实验室，使用方式很灵活。"传统上，不同年级的学生有不同的课表，但我们想跳出这种思维方式，让学生不是单独学习一门课程，而是基于现象或项目进行学习。另外，我们会促成不同年级的学习小组共同学习，在实际教学设计中会修改课程表，以此触发所有年级的学生来共同参与一个项目。这是一个尚未成熟的计划，还面临挑战，但我认为应该摒弃那种学科分离的思维，找到学科之间的联系，这将是未来学习的方式。"安妮－玛丽说。

如果从更长远的视角来看，学校仅仅是终身学习的一个阶段。埃斯波国际学校 20 年前由诺基亚家族资助，因为周边有包括诺基亚在内的很多国际公司，各国移民比较集中，逐渐形成了一所以 IB 课程为主的国际学校，覆盖一年级到九年级的中小学生教育。这所学校仅仅是奥匹玛卡学习中心的一个使用者，而不是拥有者。

整个奥匹玛卡学习中心其实是一个多样性的社区公共建筑，除了学校，还有活动中心、青年中心、社区学院、俱乐部、体育馆、大礼堂等，各个年龄段的人都可以在其中找到自己的兴趣所在。每天下午 4 点学校放学之后，学校所在区域就会变身为体育俱乐部、社区学院和音乐厅等，几乎有无限可能。

围合的中庭相当于一个活动中心，学生和居民可以在那里跳舞，庆祝各种节日；里面还放置着很多鱼缸，每个班级都有一个专属鱼缸，学生们负责照顾那些鱼，测定鱼缸的 pH 值。体育馆白天由学校使用，放学后成了居民运动的场馆，有时会一直开到晚上 10 点左右。

2017 年是芬兰独立 100 周年，12 月在那里举办了一个有市长出席的舞会，全校 2000 多名学生都参加了。让学生融入不同的人群，参与社区生活，学习生存技巧，也是未来教育的一部分。

（贾冬婷　李南希）

3 一个芬兰家庭的简单幸福观

家庭所在地：
埃斯波埃文斯米社区

成员：
爸爸帕思·莫兰纳，芬兰人，科技公司员工
妈妈金穆兰，中国人，政府部门职员
大女儿秀冬，10 岁（2017 年）
小女儿秀恩，8 岁（2017 年）

"我只想过平静的生活，种点土豆，做几个美梦。"自 20 世纪 40 年代起就风靡芬兰的童话主人公姆明（Moomin）说。作者托芙·扬松（Tove Jansson）借她笔下这个长得像河马的小精灵告诉人们：让生命归于和平与安宁，还灵魂以自由和轻松。

这也是生活在林间和湖畔的芬兰人的生活理想。

自然，一个心灵通道

与想象中的未来感科技城不同，堪称北欧科技中心的埃斯波北部簇拥着森林，南部环绕着海岛，拥有与自然交融的典型芬兰特征。

莫兰纳一家住在南部海边的埃文斯米（Iivisniemi），社区看上去不起眼，朴素的白色三层联排住屋，每户是一个独立小单元。男主人帕思是在附近科技公司工作的芬兰人，女主人金穆兰是中国人，在坦佩雷市政府教育局负责全球坦佩雷教育项目，这样的国际家庭在移民仅占2.5%的芬兰并不多见。

金穆兰和帕思有两个女儿，秀冬（Noora）和秀恩（Veera），像很多家庭中的两个孩子一样，姐妹俩的性格截然相反。秀冬像妈妈一样风风火火；小女儿秀恩则跟爸爸更像，有一种超出年龄的淡定，丝毫不为大人们的热络聊天所动，一直沉浸在自己的世界里。

八月是芬兰最好的季节，黄昏时分，太阳还明晃晃地挂在天上，不出去走走有点可惜。对一个森林覆盖率达71.6%的国家来说，森林就是触手可及的社区公园，或者说，每个人都住在森林里。金穆兰每天早晨都会绕森林跑一圈，满眼的绿色使人平静，风吹过树叶的沙沙声就像是大自然的音乐。他们也常常带着女儿们冬天越野滑雪，夏天采浆果和蘑菇，然后带回家变成餐桌上的美味。女儿们是森林里长大的孩子，从小就学习森林的知识和法则，知道哪些蘑菇有毒，哪些没有毒；浆果什么时候酸，什么时候甜；可以摘果实，但是不能采摘花和苔藓，甚至不能带走落叶，因为要保持生物多样性；不能触碰鸟巢，也不能打扰其他小动物；在每年的春秋季节，要用绳子拴住狗，因为这段时间野生动物们正在哺育幼崽。

穿过这片森林就是海。几个人在海边晒太阳充电,他们的狗正在海里游泳。虽然室外温度20多摄氏度时水里也20摄氏度,但芬兰人都习惯了直接下水游泳。每年初夏,还经常会比赛,看谁第一个"把冬天的毛皮扔掉"、第一个跳进水里游泳。那些敢于在六月底的仲夏节前下水的家伙是勇士,因为那时的水温一般只有十几摄氏度。孩子们也很小就会游泳,他们放暑假时,很多附近的家庭都会散步或骑车过来,在水边铺个毯子,陪孩子们游泳。

像很多芬兰家庭一样,莫兰纳家也有一间夏日小屋,是帕思父母的,一个大家庭共享,排着队轮流去住。金穆兰说,芬兰人的夏天就像中国人的春节,短暂而热烈,最理想的方式就是在一栋栋夏日小屋里度过。芬兰有50万座夏日小屋,几乎每五个家庭就有一座。有人也许感到不解,既然每一家都住得离森林和湖泊不远,为什么还要专门跑到夏日小屋呢?

其实,夏日小屋是一种脱离现实的理想形态。芬兰人会专门挑一处僻静的森林湖边,建那种特别原始的小屋,甚至没有电、没有水,在森林里烧烤,去木屋里默默享受将近100摄氏度的桑拿,感受身体的痛苦、暴露与危险,然后跳进凉爽的湖水。很多芬兰人觉得他们的夏季天堂应该离邻居们越远越好,越安静越好,可以一个人陷入沉思,或者两个人更深入地了解彼此。

每个人的权利

在芬兰,人人都可以自由穿越森林和湖泊,随意采摘浆果和蘑菇,这是不容置疑的"每个人的权利"。这样的平等和自由观念无处不在。

海边分布着埃文斯米的豪宅区，都是大面积的独栋别墅，距海边只有一两百米，每户售价都在 200 万欧元以上，很大一部分价值是这片无敌海景，家门口到海边被默认为私人领地。但因为芬兰根深蒂固的"每个人的权利"，周围居民都要求他们开放海滩，这些豪宅业主不得不给院子加上围栏，游艇码头也加了围挡，景观大打折扣。

芬兰曾有个大新闻与埃文斯米社区的一个邻居有关。金穆兰说，芬兰现任（指 2017 年）外交部部长索伊尼·提莫（Soini Timo）就和他们家同住在那栋 47 年历史的楼中，而且他就在这里出生长大，这片社区也因为他而出名。尽管他如今是位高权重的外交部部长，而且已就任芬兰三大执政党之一的"正统芬兰人党"（The True Finns）党主席二十多年，但他本人平常并不显得多么特殊，除了他家信箱上的名字被隐去了。不久前，"正统芬兰人党"换届选举，另一位更加激进的候选人当选为新任党主席。结果宣布后，有二十多人一言不发地走进会场，上交了辞呈，这意味着三党联合执政的政体即将瓦解。执政党瓦解了，总理就要找总统辞职。当时总统正在 200 公里外的夏日别墅度假，时间紧迫，总理就自己驾着直升机飞过去。飞机落地之后，他收到消息说提莫退党了，他带着辞职的二十多人组织了新的党派"蓝色未来"（Blue Future）。于是，执政党可以重组，总理不需要辞职了，就带着辞呈开飞机回去了，特别有戏剧性。

金穆兰说，芬兰是个小国家，但在做重大决定的时候很自由，甚至一个人可以影响一个党派和国家的命运，所以芬兰人从小就被培养得特别独立自主。

"每个人的权利"中最典型的是教育权利。这是被法律明文保障的，一是教育免费，二是统一标准。金穆兰说，不同的区域有贫富差距在所难免，但在学校资源上是一样的。在赫尔辛基最繁华地区的学校有什么样的设施，那么在北极圈只有五个孩子的学校里，也会有同样的配置，所以家长一般都没有择校心理，就是就近原则。最近芬兰开始探讨实施"教育出口"战略，这对长久以来根深蒂固的免费教育观念造成很大冲击，即便是针对外国人。

金穆兰本人就是芬兰平等教育的受益者。她的家乡在湖北洪湖的乡下，兄弟姐妹四人。她初中毕业时，父母出于实用主义的考虑，让她读了中专，认为这样出来至少还有个工作，可以资助家里。于是，金穆兰读了热门的会计专业，毕业后去深圳打工，发现周围都是名校毕业生。她回武汉读成人大专，白天上课，晚上在夜总会收银，后来碰巧听说芬兰的教育免费，环境又好，就申请了芬兰的环境管理专业。她一开始觉得自己没有走在正轨上，有些自卑，没想到芬兰对中专和高中一视同仁，而且特别重视她的职业教育背景和丰富的工作经历，这些反而给她加了分。她申请了十所学校，拿到了其中四所学校的Offer。2000年，她来到芬兰，在坦佩雷应用科技大学读完本科，又接着读硕士。在比利时布鲁塞尔实习时，所有来自坦佩雷的实习生都住在市政府租的两套大房子里，金穆兰在那儿遇到了后来的先生帕思，开始对芬兰社会有了更深的体会。

福利与选择

金穆兰仍保留着秀恩出生那年的"宝宝盒"，一个长70厘米、宽40厘米、高27厘米的长方形纸盒，盒盖上印着小鸟衔来襁褓中婴儿的连续图样。现在它是两个女儿的杂物盒。

这个盒子在芬兰已经有 70 多年的历史，每个待产的准妈妈都会按时收到一个。金穆兰的"宝宝盒"里共有 100 多种物品，几乎囊括宝宝出生后的全部所需，丰富得就像哆啦 A 梦的口袋：宝宝的各种小衣服，贴身衣、紧身裤、针织外套、防雪童装等，如果出生在夏季，还会贴心地放入大一号的冬装；被罩、睡袋等床上用品必不可少；连指甲刀、梳子、牙刷、温度计、尿布、玩具等都一应俱全；甚至还附上安全套、润滑油以及夫妻产后关系辅导手册，提醒新父母们先照顾好这个婴儿，暂时不要"添丁进口"。

最为特别的是，盒子里还有一张海绵小床垫，垫在大纸箱中，正好可以充当人生中的第一张床。"宝宝盒"的初衷也源于此，20 世纪 30 年代，芬兰的婴儿死亡率高达 65‰，引进可以当作小床的宝宝箱后，父母开始和宝宝分床睡，降低了窒息的可能性，死亡率也迅速降低。

"宝宝盒"的好处不言而喻，解除了准妈妈们不知道买什么东西的困扰，更重要的是，确保所有孕妇和胎儿都能得到芬兰医疗和社会福利机构的照看。因为要领取这个礼包，孕妇必须在孕期前四个月内到正规医疗机构接受产检。据统计，"宝宝盒"里的物品总价超过 300 欧元，如果妈妈们选择不要礼盒，可以改为接受 140 欧元的现金补贴。

除了实物价值，"宝宝盒"更像是一种承诺，让人体会到芬兰的"孩子是国家未来的主人"不只是一句口号，也是一个行动：要让每个人在生命成长的每个阶段都能享受到高福利制度下纳税义务和应得福利间的平衡。

金穆兰说，芬兰为减轻"少子化"压力，通过各种津贴来鼓励生育，父母们几乎不会为没钱养孩子发愁。政府会按月为每个孩子支付儿童津贴，一般来说，每个家庭的第一个孩子每月 100 欧元，第二个孩子每月 110.5 欧元……一直到第五个孩子每月 182 欧元。此外，还有支付给妈妈的生育津贴，前 10 个月由女性职员所在单位的雇主支付薪水，社保再返还给雇主；10 个月之后不再领取薪水，但仍可从政府领取每天 22 欧元的最低薪资补贴；生育三年后，基本薪资不再提供，但政府仍会继续发放儿童津贴，直到孩子 17 岁为止。

芬兰孩子在上学前的幼儿保育阶段，属于整体社会福利体系的一环。托育机构接收最小 9 个月大的婴儿，这一阶段最多要交纳 200 多欧元的费用，但这些机构一个月的实际成本是 1000 多欧元。如果决定在家育儿，那么母亲每个月拿到的各种津贴有 500 多欧元，相当于对其不享用社会资源的补偿。

从 7 岁上小学开始，一直到大学，芬兰人都可以享受学费全免的教育。金穆兰说，父母需要支出的只是书本费，而且学校老师们都不鼓励学生买新课本，尽量让学生使用旧课本。上了大学，不仅免学费，政府还报销房租的 80%，每个月另有 500 欧元的生活费。所以，除非要把孩子送出国读书，芬兰父母一般都没有为孩子的教育存钱的概念。再加上芬兰高等教育入学率很高，家长心态普遍比较平稳，没有学区房的概念，一般都会就近选择学校。学校的平均化也让自由搬迁成了可能，很多人会卖掉市中心的一室一厅，跑到偏远的地方，买块 5 公顷的地，有森林有湖泊，追求自己的生活方式。

金穆兰认为，芬兰的福利制度将着眼点放在生育、养育和教育下一代上，这与女性实现自我并不冲突，并不一定非要个人牺牲。她体会尤深的是，她以前就像自己的母亲一样，习惯周末在家给孩子们做饭、清洁房屋，认为这才是妻子和母亲应该做的。如果哪天一个人出去跑步，或者参加周末的森林课程，就不自觉地有负罪感。先生帕思会提醒她，为什么不去呢？孩子已经可以自己照顾自己了。你是妻子，是母亲，但更是你自己。

慢慢来

"芬兰人的价值观，就像姆明故事里那样，过平静的生活，追求灵魂的自由。"芬兰驻华大使馆科学与教育参赞米卡说。

坦佩雷的姆明博物馆里有伴随三代人成长的姆明背后的故事。馆内展览按照作者托芙·扬松1945年至1977年之间出版的13本书为线索，勾勒出漫画与芬兰社会的密切关联。扬松曾说，姆明形象的诞生来自十几岁时的一个玩笑，在父母建于芬兰湾一个小岛的夏季别墅里，她和弟弟派·奥洛夫（Per Olov）经常把各自的想法写在户外厕所的墙上，以显得自己很深刻。一天，派·奥洛夫在墙上写了一段哲学家的名言。托芙试图反驳他，但几乎没办法和他辩论，只好画了一个她能够想象出来的最丑的家伙。

第一本漫画作于1939年冬天，"二战"刚刚爆发，故事从姆明妈妈带着姆明寻找一块舒适温暖的地方建房子开始。在1946年创作的第二部《姆明谷的彗星》中，"洪水"和"彗星"都是战争的某种影射。第三部《魔法师的帽子》中来了两个小精灵，他们的手提袋里装着世界上最大最美的红宝石，这块宝石总是带来危险，但他们无论如何也无法舍弃。其实，这块宝石象征着一段秘密的爱情，扬松与已婚的薇薇卡，当时同性恋是违法的。《姆明和金尾巴》的故事里有托芙本人对成名的体会、疑惑和批判。姆明长出了一条稀罕的金色尾巴，因此大大出了名，随名气而来的是各种奇怪的追捧，姆明一家的生活也因此改变，最后他终于决心剪掉金尾巴，生活也恢复了原样。在最后一部故事中，扬松让姆明们离开姆明谷，重新寻找自我。事实上，姆明故事描绘的是一个理想世界，在各种危机和艰险中如何找到自己，坚持真诚、善良、和谐相处，正像芬兰在现实中那样。这也是姆明故事在动画片中延续到今天的原因。

如今，姆明已经是芬兰教育的一个符号，有姆明语言学校、姆明幼儿园等。姆明故事反映了芬兰教育的一种理念，里面关于如何做人、如何跟人相处、怎么生活、怎么实现自己的价值，正是芬兰教育的核心。

几年前曾有一份对赫尔辛基两万多个家庭的调查，总结出芬兰父母对孩子五个方面的核心期望：要有自己的兴趣爱好，有自己的朋友圈，熟悉当下的知识和技术，每天要有两个小时的户外运动，一家人在一起吃饭。

和中国父母对孩子的期望相比，这些显得实在太简单。金穆兰在芬兰做了10年妈妈后才慢慢体会到其中的意义。比如妈妈和孩子的关系，正如姆明妈妈一样，她是整个姆明谷的心脏，对每个人都有无尽的耐心，不仅给姆明创造了一个安全的港湾，更难能可贵的是陪着孩子们冒险和想象。这也是金穆兰在芬兰看到很多老师和父母都在做的，他们将孩子的想象力和冒险精神捧在手心里小心呵护，尽可能地使其延长。

在一个中芬家庭中，两种教育文化的碰撞还有很多。帕思一直不太喜欢女儿们在楼下起居室做作业。他小时候都在自己房间的书桌上做作业，这是典型的芬兰做法。他理解孩子们是因为想和爸爸妈妈待在一起，但芬兰更注重个人独立性和隐私权。所以他总是督促她们：

为什么不把作业带到你们自己房间去，保持起居室的整洁呢？

另一个不同是，芬兰的老师和家长没那么急迫，允许孩子慢慢来，允许他们有别的选择。究其根本，是将孩子的一生作为教育的跨度，认为自然的成长规律是一个人先要寻找到内在动力。对金穆兰来说，这也是一个适应的过程。

她记得秀冬有一次拿一张97分的成绩单给她看，她正在忙其他的事儿，一脸严肃，第一反应是那3分丢在哪儿，为什么丢？是不是可以做到不丢分？秀冬毫不在乎地敷衍。而先生帕思呢，在秀冬说要给他看成绩单时，他坐下来将孩子搂在怀里，郑重地接过卷子，跟孩子一起看。不管多少分，爸爸都会说"你好棒"，然后跟孩子一起讨论丢分的原因，自嘲那些完全可以不丢的分。在这种潜移默化中，金穆兰也慢慢改变了对成绩单的态度，包括对孩子不切实际的苛求。

莫兰纳一家有各种属于家庭的仪式和时间。周一是他们的"家庭日"，会保证全家人在一起吃晚餐。因为平时孩子们都有课，星期二要练体操，星期三去念中文课，星期四练钢琴，星期五是周末，金穆兰和先生会送孩子们去爷爷奶奶家，享受二人世界。每周六是秀冬和秀恩最盼望的日子，这一天是"糖果日"，还是一家人一起玩桌面游戏的时间。秀冬和秀恩每人抱着一大袋糖果吃得不亦乐乎，让人忍不住担心她们的牙齿。帕思是桌面游戏的主导者，带孩子们玩一些猜谜和竞赛游戏，还有各种角色扮演游戏，"要在游戏中培养她们理解规则、遵循规则的能力，孩子们会比我们想象中走得更远"。

（贾冬婷）

4 无处不在的自然教育

在芬兰这个拥有诸多森林和湖泊的纯净国度，普通人具备的自然素养是惊人的。这来源于他们一直以来所接受的自然教育——无论是家庭、学校还是校外机构，它们都在培养公民对自然的热忱上扮演了重要角色。

跟着克莉斯蒂采蘑菇

60 多岁的克莉斯蒂·卡里欧（Kirsti Kallio）女士用口哨吹出莫扎特长笛协奏曲轻快的旋律，和她蹦蹦跳跳的爱犬凯夫走在一片枝杈横斜、到处磕磕绊绊的林地里，依然健步如飞，火红色的冲锋衣在树木间时隐时现。"要是正好从母熊和熊崽之间穿过，可就不好玩啦。它会以为你要伤害它的孩子，把你置于死地。"所以，口哨声还有一个功能，就是告诉那些野生动物有人要过来了。

每年 8 月底是体验芬兰自然的好时候。经过一个夏天充足的日照和雨水，浆果迎来了它们的成熟季，蘑菇也到了品种最多样的时候，正适合进行采集蘑菇和浆果的森林之旅。外来旅客可以参加当地一些付费的主题游团队，比如"感受自然"（Feel the Nature）组织的采集活动，但不如跟随一位芬兰本地人走进森林，比如退休之前是坦佩雷应用科技大学芬兰语教师的克莉斯蒂女士。

克莉斯蒂住在一个叫伦派莱的小镇上，距离芬兰第三大城市坦佩雷有二十多公里。她本来是首都赫尔辛基人，追随在坦佩雷工作的丈夫，移居至此。40多年前，她在报纸上浏览房产信息时，一下子被伦派莱正在出售的这处老房子吸引住了。它的位置绝佳——前面有湖和小树林，旁边有一个烧木柴的传统桑拿屋。虽然刚搬进来时房子的地板嘎吱乱响，天花板也摇摇欲坠，但这些都不影响她将房子修葺一新的热情。她邀请画家朋友一起来粉刷和布置房间：橱柜是湖蓝和果绿的搭配，窗框是姜黄色，橘红的沙发上搭着彩色条纹的棉麻织物。餐厅里用的是一种花卉图案的壁纸，墙壁上挂了家里猫咪的画像。克莉斯蒂对当前北欧设计中那种黑白灰为基调的"性冷淡"风反感透顶，"他们还嫌这里漫长的冬季不够无聊吗？那时候周围树林黑压压的，大地被白茫茫的积雪覆盖，周遭一片死寂。我希望永远都待在夏秋的色彩当中"。

克莉斯蒂家的书架上有不少关于自然的读物。她订阅每期《芬兰的自然》杂志，最近正在翻阅一本名叫《古老的芬兰森林》的摄影画册。"里面的森林影像，都是伐木业入侵之前的样子，现在已经消失不见。"她惋惜地说。

她家还有不少自然收集物：玻璃瓶子里装着干燥的苔藓，盘子里堆着松果，洗手池旁有一些圆头圆脑的鹅卵石块，被她用笔画上了刺猬、狐狸、松鼠和猫头鹰等各种动物形象。这些都是她每天早晨和下午各一次去森林散步中带回来的玩意儿。家门口的林子太小，她更喜欢驱车十几分钟到旁边的大森林去，甚至连冬天零下十几摄氏度的日子也不例外。她那时会给凯夫穿上一套足有6公斤重的"衣服"。

克莉斯蒂与同行者走了一条较少人走的路，因为昨天是周六，这片林子已经被很多家庭扫荡过一遍了，所以不能走常规路线。采蘑菇得深入森林，因为蘑菇是一种容易吸收重金属污染的植物。"车辆不多的道路要离开25米左右，车多的道路起码要50米。"

她首先发现了鸡油菌，这是一种像绽开的喇叭花一样的菌类。找到它实在需要眼力，因为它金黄的颜色和白桦树的落叶没有区别，起初只是看见一两株，定睛仔细辨认才发现那块岩石后面的阴凉处原来是鸡油菌的"天堂"。

好运接踵而来。接下来又看到了两株巨大的黑牛肝菌，厚实的菌盖下面发青色，有海绵一样细小的孔洞。她用小刀将泥土清理干净，然后分门别类放进通风的口袋里，把一些样子相像但不能完全确定的蘑菇单独隔开，回去好对照手册鉴定。

克莉斯蒂提醒同行的人小心不要踩到"鹿蕊"，一种枝状分布的灰白色地衣，那是驯鹿的主要食物。驯鹿在暖和的季节可以有青草、灌木和蘑菇这些食物来源，而在冬天，几乎只能依靠从雪里挖出"鹿蕊"来补充能量。"鹿蕊"的生长速度极慢，每年只会长3到5毫米，破坏之后起码要30年才能够恢复，难怪如此珍贵。

路过一些倒在小径中间已经死掉的枯树时，克莉斯蒂一面提醒大家留神不要被绊倒，一面讲解起这些树木不能挪走的原因："它们都有利于生态平衡和生物多样性。有许多昆虫吃这些死树，昆虫又是其他动物的食物；死树上的孔洞可以为一些小型哺乳动物提供栖息的地方。树木彻底腐烂之后会为土地提供养料，你往往会发现在那片地方有苔藓、地衣和菌类交织长在一起。"

克莉斯蒂的自然知识从何而来？她说对蘑菇的了解最早来自她的祖父母。童年的她喜欢在赫尔辛基的海边以及一片岩石堆（后来被建筑师顺自然之势雕琢建成了岩石教堂）边玩耍，生物课是她最喜欢的课程，她经常按照生物老师的建议，春天的清晨起个大早去林子里观鸟。她强调自己的经历和一般的芬兰人没有太大区别。"就拿辨别蘑菇来说吧，有很多途径都可以学习到。每年蘑菇季到来，菜市场里都会有工作人员帮助你分辨拿不准的蘑菇，还有一些菌类社团也会义务组织采摘活动。"在森林覆盖率高达71.6%的芬兰（中国森林覆盖率为21.63%），居民区与浆果或蘑菇采摘区之间的平均距离仅为4公里。

克莉斯蒂从来没在森林里迷过路。"森林对于芬兰人来说，就像是家一样。"她说，"芬兰每平方公里只有16个人，这意味着芬兰人被'熊可能会吃了你'的荒野所包裹。尝试在林子里搞丢自己，就好像一项娱乐活动。在最坏的情况下，他们在林子里迷路了，但是营救人员找到他们的时候，他们正在不慌不忙地采摘蘑菇和浆果。"

《外国人在芬兰的生存指南》这本书给外国人漫游芬兰森林的建议是：一张地图，一个蓄满电的手机，或者不如紧紧握住芬兰朋友的手吧！

马蒂家的后花园

这种和自然的亲密关系会不会仅存在于老一代芬兰人当中？今天的芬兰孩子对自然会有隔膜吗？家长如何把自己对自然的理解传递给孩子？

工程师马蒂·基维马基（Matti Kivimaki）在孩子的自然教育方面有些心得。某种程度上讲，马蒂在 2003 年选择将全家从坦佩雷市区搬到 10 公里开外的皮尔卡拉（Pirkkala）镇，就是考虑到让孩子有一个接近自然的成长环境。"无论北欧城市怎样贯穿了绿色城市的规划理念，城中的绿地都是有限的。"他想有一所大房子和花园，让孩子们有足够的空间成长和玩耍。

他和从事教师工作的妻子一共有四个孩子：老大阿列克谢 18 岁，老二萨坦 17 岁，三女儿劳拉 14 岁，最小的琳娜 12 岁。孩子们到了上学的年龄，马蒂曾经征求过他们的意见要不要搬回市里，因为最近的小学和初中离家 5 公里，两个儿子上的高中则距家 20 公里。大家因为舍不得这里的环境还是放弃了回市里。

马蒂家面对着一片 10 公顷的杉树林，他懂得如何把自然带到家中。他的后花园分蔬菜、果树和浆果几个区域，蔬菜有番茄和马铃薯两种。"特地种了马铃薯这种根茎类的主食作物。这样，要填饱肚子，得经历十指沾满泥土的收获过程，对土地的情感就会慢慢建立。"浆果类别更多，从 6 月就可以采摘，一直持续到 10 月，大家每天都有点事情在园子里忙碌。"野草莓是从林子里移过来的，最早成熟，孩子们喜欢找来细长的叶片把它们穿成串儿；蓝莓 7 月就陆续冒出来了，家里的餐桌上每天都有蓝莓果酱、蓝莓派和蓝莓布丁，女孩们乐于发挥想象力创造新颖的蓝莓食谱。"马蒂和妻子前几年尝试杂交极地莓和树莓两种外表相似的浆果，"极地莓的香气和甜度都要更胜一等。一开始杂交方法不成功，但问题解决后大家都很开心，从此就能享用无穷无尽香甜可口的极地树莓了"。

后花园里还有一个夏日烧烤的平台，一间女孩们玩过家家的木屋，两间堆放柴火的柴房。曾经马蒂也在这里搭过秋千，他说仿佛还能听见那时男孩推着女孩荡秋千时的笑声。"孩子们童年时，这个地方就是他们的天堂啊！"马蒂感叹道。然而，随着孩子日渐成长，马蒂感到他们对自然失去了时间和兴趣。现在老二萨坦和老大阿列克谢都面临着不同的问题：萨坦痴迷电子游戏，缺乏自控能力，一回家就爱钻进房间里玩，一度需要父母把网络强制断掉他才罢休；阿列克谢即将参加大学入学考试，他一心想考坦佩雷大学的医学专业，压力过大把自己搞得很疲倦。

马蒂鼓励他们通过在自然中的散步和劳作来转移精力，放松精神，达到强身健体的目的。

"你知道吗？一项对芬兰青少年的研究表明，他们如果在心烦意乱的时候独自走到自然环境中，可以厘清思路，获得看问题的新角度，重新释然。"马蒂说，"另外，学会在自然中生存是芬兰人的基本技能，是我们血液里的东西，需要一代一代传递。尤其是在城市以外的地方，你得知道如何与周遭环境相处，简单、富足地生活。从自然中索取，就意味着要有一种爱护尊重自然的态度，这样才能生生不息地繁衍下去。"

他的房子虽然是由专门的建筑公司来建造，可是房屋格局的图纸都是他和妻子一起完成的：落地玻璃窗朝南，正对起居室，这样就能保证最大限度地接受阳光，花园美景也一览无余。房屋有一种环岛结构，中间是厨房和餐厅。每天晚餐时，大家从四个角落的房间里会聚过来，从花园里采摘再到清洗和准备，一家人其乐融融，他把这形容为"与自然和谐相处"的生活。

把课堂搬到林中和湖畔

帕吉·万塔（Pirjo Ranta）是坦佩雷九年制综合学校艾特拉-赫万塔（Etela-Hervannan）初中部（7—9年级）的科任老师，教生物和地理。芬兰的学校无论小学还是大学，都是开放性结构，没有围墙，很多学校就像艾特拉-赫万塔一样，被幽美的森林和湖泊所环绕。

到距离教室十分钟路程的湖畔做自然观察记录，是帕吉给七年级孩子们上的第一课。

"不仅是听觉和视觉，还可以用触觉和嗅觉，去描述你们在湖边树林里的观感，最后以文字配图的形式在班里分享。"帕吉告诉学生。这群十三四岁的孩子在走过来的路上叽叽喳喳，可一旦开始观察，就立刻沉寂下来。孩子们的收获细腻得出乎帕吉的意料。"比如在同一棵树上，有的学生对进入秋天后深浅不一的颜色感到痴迷；有的学生会认真观察蚂蚁搬运食物的过程；还有的学生会记录他听到的遥远汽车声的频率，表示要是没有这些人为声音的打扰该有多好。"

这让人想到哈佛大学教育学院霍华德·加德纳教授提出的多元智能理论。他认为以智商测试为基础的传统智能概念太过局限，应以八种智能来概括人类的智能潜力：语言智能、逻辑-数学智能、空间智能、身体运动智能、音乐智能、人际智能、自省智能，以及一种他首次提出来的"自然智能"（Nature Smart）。威斯康星教育学院的莱斯利·威尔逊教授总结过自然智能突出的儿童所具备的一系列特点，例如拥有强烈的感受能力，做事专注，可以轻易记住从自然界发现的物种特征、名称和分类，对保护环境和挽救濒危物种表现出强烈的意识，等等。

长大成人之后，求知欲、好奇心、敏锐的观察力和辨析力会相伴他们终生。

作为老师，帕吉的任务就是开发学生们的自然智能。芬兰的九年制教育中，一到四年级有"环境与自然"这门课程，五、六年级分为"物理和化学""生物与地理"两门，进入七年级则分为生物、地理、物理和化学四门。初中三年学习，七年级讲动植物结构，重点是水的生态系统；八年级讲森林生态系统以及不同生态系统的相互影响；九年级讲人体以及遗传学的基本知识。

帕吉是位经常带学生走出教室的老师。如果只有一节生物课，那么起码有15分钟时间要花在教室外面的树林；假如是两节课连堂，那么其中一节要来到湖畔。

帕吉认为，随着年龄的增长，孩子们应该不断更新自己的动植物资料库，能说得出更多动植物的名字和种属，了解它们的习性特点。大概正因为如此，所有芬兰的小学和中学暑假都不能给孩子留作业，唯一一项算得上作业的就来自环境或者生物老师——他们会发给学生一张纸，上面有需要认识的植物，学生们可以通过拍照或者采集标本的方式证明他们掌握了知识点。需要找到的植物依年级升高而增多。如果孩子将来计划在高中选修更多生物课的学分，甚至大学报考生物相关专业，帕吉更会鼓励他们将自然观察的习惯保持下去。

帕吉在大学的专业是植物生态学，硕士论文写的是国家公园中步道设计对周围动植物生长、生活的影响。她觉得那些生物学的基础课程如植物分类学、无脊椎动物学、鸟类学、哺乳动物学与分子生物学同样重要。"在解决一些全球性的重要问题，比如挽救濒危物种、保护动植物栖息地方面，反而是这些学科知识更能发挥作用。"帕吉上

> 帕吉·万塔老师的环境与自然课

帕吉老师认为,无论现在的教学资源提供得多么丰富,有传统的标本,也有视频,但都取代不了野外的经验。你可能在书本上认识了许多植物和动物,但在真实环境中看到一个三维的、处于动态的生物,不一定就能叫得出名字。

认识苔藓就是一个很好的例子。帕吉老师发现孩子们对这种不起眼的植物并没有学习热情,不就是长在岩石上那种绿油油的东西吗?他们并不领会苔藓的多样性、特殊性以及为环境生态做出的贡献。

于是,在下雨前、后,帕吉老师带着学生们拿着放大镜趴在地上观察,他们这才惊叹苔藓的神奇之处:下雨前还干瘪苍白的苔藓在雨后转瞬变得饱满油亮起来。原来,苔藓的吸水能力极强,可以达到细胞内含水的 5—10 倍。正是因为这样的能力,苔藓可以担当防水固土的重任,也能在天气干燥时在林地中蒸腾出水汽,滋润其他的生灵。

孩子们还沉浸在放大镜下的苔藓世界:原来它们的色彩不都是绿色的,上面形态多姿的孢子体也可以美过开花植物,就如同万花筒里的景观。

很多孩子小学阶段就会做自然观察,但随着知识越来越系统化和深入化,帕吉老师期望他们的自然观察不仅停留在现象描述,而要能主动去寻找"为什么",和生态系统里的其他生物联系起来思考。她还要求学生写自然观察日记,9 月开始写,11 月交上来,正好是由秋入冬的过程,自然界会发生各种各样有趣的变化。这些实地观察都要求学生自己发现问题、探究答案,即便在互联网如此发达的时代,孩子们也没法找一个现成的作品来应付作业。

芬兰中学:既卓越又平等

大学之前想当一名生物学家，并没有报师范专业，读了一半的时候觉得教书比研究更能影响他人，于是补修了教育课程，一毕业就成为一名教师。她希望将自己对自然界的思考和热爱分享给更多人。

"自然学校"的一日体验

哈勒蒂亚（Haltia）自然中心的建筑像一只正在孵蛋的巨鸟，栖卧在努克西亚（Nuuksio）国家公园的湖光山色之中。"鸟头"转向湖面，那里是可尽览美景的眺望台；建筑顶上的太阳能板象征鸟的羽毛；"鸟蛋"则是中心里的一处装置艺术，设计灵感来自芬兰史诗《卡勒瓦拉》（*Kalevala*）中的诗篇，讲的是世界如何诞生的故事：几只巨大的鸟蛋滚落在水里碎掉，碎片形成了土地、天空、太阳、星星、月亮和云彩。

这处取材于自然神话又和自然完美融合的建筑是芬兰第一个全部用预制实木板建造的公共建筑，也是环保节能建筑的典范——冬天利用地热取暖，夏天携带着多余热量的液体在地下冷却，再返回地面来降低室温。

除了是一个国家公园的游客接待处之外，哈勒蒂亚自然中心还有一个功能——作为"自然学校"运转。自然学校在芬兰的历史已经超过30年，给从幼儿园儿童到高中生提供自然教育类补充课程，目前全芬兰一共有50多所类似的自然学校，由一个叫作"芬兰环境和自然学校协会"的非政府组织来协调管理。

一看哈勒蒂亚自然中心内部展陈的设计，便知道这是个孩子们会感兴趣的地方，它将整个芬兰的自然风光以一种可感知的方式浓缩呈现。"我们的自然学校免费服务于大赫尔辛基地区的学校，学生对芬兰北方的自然并不了解，所以在这里首先要让他们对全国的自然面貌有个印象，接着再走进国家公园，开始户外课程部分。"哈勒蒂亚自然学校的负责人玛丽亚·阿罗卢奥马（Maria Aroluoma）说。

每年4、5月和9月是自然学校最忙碌的时候。一次课程持续5个小时左右，人数控制在20—25人，相当于一个班级。每年申请的班级都比实际接受的要多，没有参加过的班级会被优先考虑。自然学校虽然在国家核心课程大纲（National Core Curriculum）里没有规定必修，但是绝大部分孩子在基础教育阶段都会去一次甚至两次。

哈勒蒂亚自然学校现阶段提供六个主题的教学，班级可以在申请时任选其一，玛丽亚也会根据季节来做调整。芬兰学校课堂格外强调的"体验教育"（Experiential Education）和"在做中学"（Learning by Doing）在自然学校被做到了极致。玛丽亚说："跨学科的综合性，和学校里老师只是将这种方法用于某个学科的教学辅助不一样。2016年开始实行的新版国家核心课程大纲中增添了'基于现象的教学'（Phenomenon-based Learning），要求中小学每学期都要安排跨学科学习的主题，自然学校一直是这样实践的。"

她认为，地理和生物的结合是最基本的，春天我们在林子里看到红喉姬鹟，就会告诉学生这种候鸟的迁徙路线，地理知识很容易带出来。针对高中生有个名叫"通往未来之路"的主题课程，会参考哈勒蒂亚自然中心的设计思路，商量怎样做一个节能环保的建筑，如何选材？位置怎么选择？能源解决方案是什么？社区居民会有怎样的反应？这些都会考虑到。每一个主题的设置都尽可能融合多学科知识、历史、环境、社会、体育以及公民意识。

新版教学大纲还要求学校课程中增加自然教育的比例，在基础教育阶段的环境、生物、地理、物理、化学和健康等课程中融入可持续发展的理念，以回应愈来愈严峻的环境挑战。"我当时写硕士论文时的动机就是想搞清楚，自然学校能在这个教育改革过程中起什么作用。"金穆兰说。她当年一边在坦佩雷大学读环境专业硕士，一边在芬兰环境和自然学校协会实习，毕业论文写的是自然学校在自然教育中的角色。"自然学校不仅能帮到学生，还能对普通学校老师的教学方法有启发，因为芬兰老师各有各的个性风格，生物、地理科任老师之外的老师不一定都懂得自然教育。所以，班级老师在自然学校老师教学时都会跟随学习，自然学校也有给这些老师的培训课程。"

营地生活，一种综合训练

"你们先下去吧，我想稍等一下。"一位穿紫衣服的小女孩告诉她的崖降伙伴。她个头瘦小，刚才从这个十几米高的山坡下往上爬的时候，还在一块湿滑的青苔上滑了一跤。此时此刻，阳光被一块铅灰色的云彩遮住了，风挟着雨点砸在悬崖边的湖面上，让湖水也晃荡不止，一下下撞击着岸边。马上一场暴雨就要来临，她需要决定是赶快完成降落，还是放弃。"迈出第一步就好，只需要看脚下而已。"伙伴们在下面给她打气。终于，她转过身来，向下开始慢慢挪步。在双脚着地的那一刻，伙伴们都过来拥抱了她。

这是图尔库（Turku）市一所综合学校的学生在瓦喀拉体育学院（Varala Sports Institute）进行营地活动的现场，他们将在这里度过三天。除了崖降之外，他们还会体验健球（Kin-Ball）、室内冰壶（Indoor Curling）、皮划艇（Kayaking）和冒险公园（Adventure Park）等项目。

冒险公园是最近几年由欧洲开始风靡全球的户外活动,参与者要通过吊桥、网道、秋千、溜索等一道道关卡到达终点,在芬兰这样拥有诸多森林与湖泊的国家尤其适合开展。

如果说在普通学校接触自然的机会是某一节课,在自然学校是全天,那么在营地学校则是 3—7 天不间断的体验。在基础教育阶段,六年级或者九年级结束时,老师会组织全班学生参加这样的营地活动。

为了有足够的外出基金,一般孩子入学时家长就会一起募款。金穆兰的两个孩子在上小学,她对此感受颇深:和国内老师让交固定数额的班费不一样,募集资金的方式有很多,比如全班可以搞义卖活动,或者学生抽签,拿到"帮助父母做家务奖励一块钱""在外面跑两圈奖励两块钱"之类的任务,回家完成任务后找家长领取奖赏。这一切的目的是让所有的孩子,无论家庭背景、出资多寡,最终都能够一起出行。

营地教育根植在芬兰教育的传统之中,前提是走出日常的学校环境,大家在一起同吃同住。坦佩雷营地教育(Tampere School Camps)项目总监丽达·朱姗娜霍(Ritta Junsenaho)博士负责向世界各地对芬兰营地教育感兴趣的人推介它的理念。2005 年读博士学位之前,丽达在一所综合学校当了 27 年的老师和校长,一直很热衷于组织营地活动。"一、二年级的孩子太小,我们就在学校里搞。孩子们带着帐篷和睡袋,晚上整个学校都是他们玩耍的天地,平时熟悉的空间也变得奇异起来。现在的营都有不同主题、媒体、环境、计算机编程,但基本的野外生存技巧、户外运动以及体育项目等元素每个营都会具备。"

营地通常选在依山傍水之地,就像这座瓦喀拉体育学院,它和另一座国家公园只有一路之隔。学校中最古老的建筑是一座棕红色屋顶的木屋，它是一位芬兰工业家在1892年给自己修建的夏日度假别墅。1909年，一群志在提高职业女性身体素质的活跃领袖买下了它，将它发展成一个女性体育运动的培训基地。之后瓦喀拉体育学院演变成一个中等职业教育学校，为健身教练这样的职业输送人才。由于良好的硬件设施和专业的教学队伍，它也为国家运动员提供培训和健康建议，同时为在这里举办的各种营地活动做方案设计。这个地方的奇妙之处就在于它距离坦佩雷市中心只有2.5公里，但站在湖边，却只能感受到自然之声支配的全然宁静。

"安排吊绳攀岩、崖降、冒险公园之类的户外运动是让孩子们学会克服恐惧，获得自信。"瓦喀拉体育学院冰球项目主管哈利·劳得拉（Harri Laurila）说。他在瓦喀拉体育学院附近长大，从小练习冰球，曾在国家队里担当后卫。"自然环境其实比任何运动场都复杂。它潜藏着危险，也蕴含规则，并且微妙地传达着所有信息。"

哈利童年时就在这些大树和岩石上爬上爬下。"那可是在父母不知道的情况下，"他笑着说，"慢慢地，我清楚哪块石头可以下脚，手指不要随便伸进没有查看过的岩石缝中，多粗的树枝可以禁得住我的体重。当然有的知识是从一次摔得很惨的经验中获得的。作为老师，也是父母，我想让孩子们在保护措施中也能获得知识，懂得安全的边界。"

营地活动中的体育运动都是精心选择的，相比竞争，它们更强调合作的重要，以及其中的趣味。就像一种十分流行的新型体育游戏——健球，它的规则简单，很容易玩起来：三支队伍、每队四个人构成比赛，目标是进攻或者防守一只直径1.2米的大球。无论击球、截球还是固定球，都几乎要四人齐心协力才能完成，因此每位队员都要尽力参与,还要了解各自的优缺点好互补信任。

第一次用打火石燃起篝火,第一次用木材搭建临时栖身的棚屋,第一次尝试用指南针走出迷途……对于芬兰孩子来讲,太多的人生第一次都发生在营地学校里。多年之后,当丽达博士问起长大成人的学生,学生时代印象最深刻的事情是什么,他们的答案往往都和营地活动有关。"他们不再会抱怨那期间蚊虫叮咬的不堪忍受,从高处降下来吓得半死,或者住宿伙食有多么不如意,他们能够记起来的,只是大家在一起共同解决问题,互相关怀鼓励的其乐融融的时光。"

这也正像《林间最后的小孩》一书里"野营复兴"一章所写到的:自然教育的巨大价值就在于,它将注意力放在那些总是促进人类团结的因素上——暴雨、狂风、和煦的阳光、幽深的森林,以及被我们的地球所激发出来的敬畏和惊异,尤其是在我们人生的启蒙阶段。

(丘濂)

Part 4 未来学校：面向未来的颠覆教育

　　十余年来，在美国和世界各地，涌现出了一批"新教育学校"，位于加州圣地亚哥市的 High Tech High——受州政府资助但独立运营的特许学校（Charter School），旧金山市区的 AltSchool——科技公司经营的私立学校，硅谷山景城的可汗实验学校（Khan Lab School），以及中国的创新学校如探月学院、一土学校……

　　这些学校在教学法上强调项目制学习、个性化教学，主张要调动起学生内在的创造力和学习欲望，而不是直接给他们知识。虽然它们的经营性质各异，具体理念也有颇多差异，但有着两个显而易见的共同之处：由试图颠覆传统教育的局外人开办；宣称为未来培养人才，也即"未来之人"。

　　怎样培养"未来之人"？新教育家们对这个问题的回答出奇一致：强调多样性的重要，每个孩子都该发现自己、实现自己独特的价值……

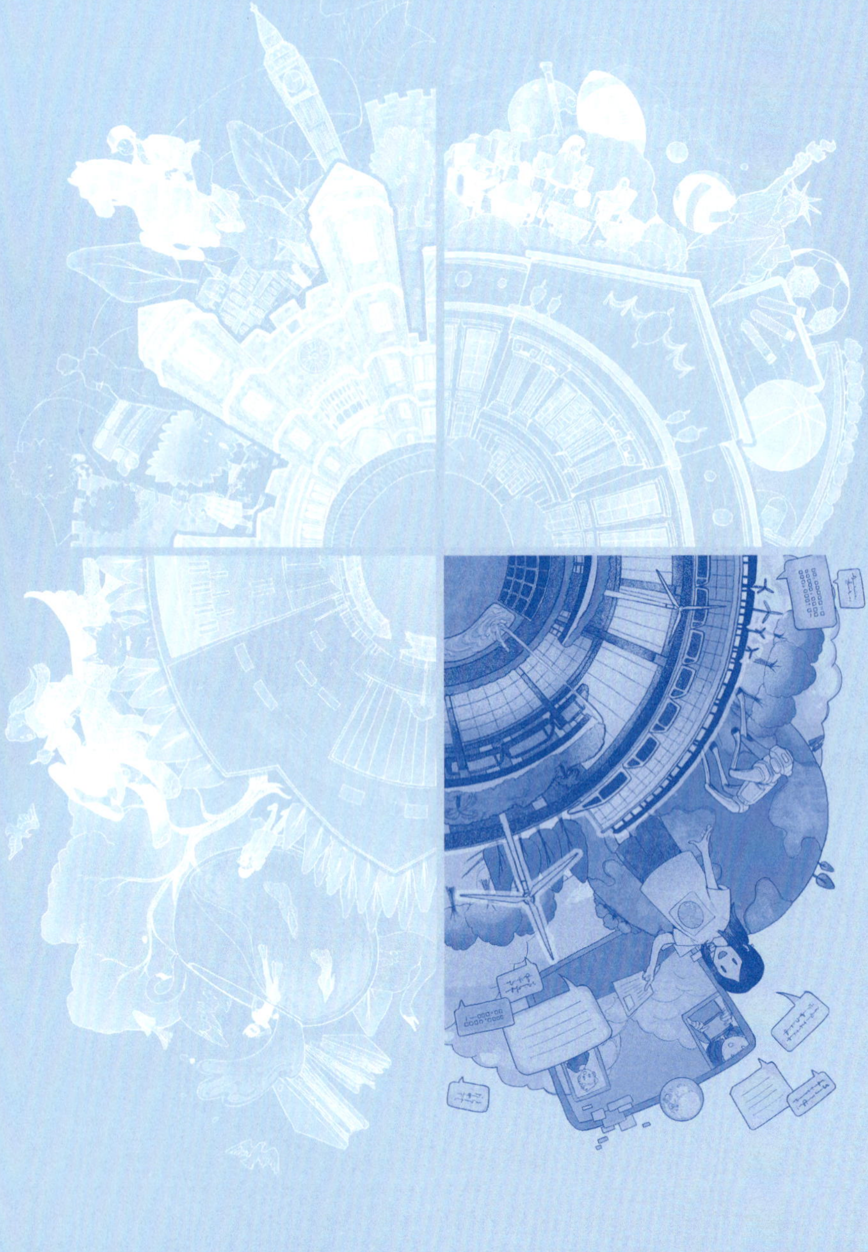

1 成为"未来之人"

在风靡世界的教育纪录片《极有可能成功》(*Most Likely to Succeed*)中,位于加州圣地亚哥市的学校 High Tech High 被塑造为面向未来的教育典范。该纪录片制片人泰德·丁特史密斯(Ted Dintersmith)是风险投资人,也是美国联合国教育问题代表,他曾经花一年的时间走遍美国 50 个州,去 200 多所学校参观,清晰地感受到一股教育变革的潮流,High Tech High 只不过是其中之一。因为大家已经普遍意识到"如果我们不对学校进行彻底变革,如今的学生长大成人之后,大部分会被日新月异的社会进步逼到人生边缘"。

知名新教育家萨尔曼·可汗(Salman Khan)总结:"孩子们能做到的,远比成年人以为的要多得多。"不过,这并非新鲜的提法。北京大学教育学院刘云杉教授介绍,教育理论历史上素来存在着"教育内发说"与"教育外铄论"两种对立的观念,前者认为教育以自然禀赋为基础,后者则认为教育是克服自然的倾向、通过外力强制而获得习惯的过程。这两种教育理论可以用成对的相反概念概括,例如个人与社会、自由与纪律、兴趣与努力、游戏与工作、心理组织与逻辑组织、学生主动性与教师主动性等。

很明显，无论在具体的学校运营形式、教学理念实践上有什么区别，所有的新教育家都是内发说一派，无一例外。然而在百年前，以内发说为基础的进步主义教育（Progressive Education）阵营就曾经和以外铄论为基础的学校教育进行过一场"搏斗"，最后以后者的全面获胜告终，这也是今天主流传统教育制度的思想基础。

早在1938年，约翰·杜威（John Dewey）在《经验与教育》（*Experience and Education*）一书中就曾总结当时已进行20余年的进步主义教育实践，并提出告诫：新教育的道路并不是一条比老路容易走的道路，相反，新教育的道路是一条更艰辛和更困难的道路。新教育未来最大的危险来自人们认为新教育是一条容易走的道路。

今天的新教育家们带着内发说的理论"卷土重来"时，为什么自信可以不重蹈覆辙？因为时代的条件变化了。

这一轮教育改革的背景是对科技在近年来的快速发展尤其是人工智能替代人工这一可能性做出的回应。据麻省理工学院的一份报告，从2003年开始，美国的生产力就与就业率没有关系了，换句话说，经济的发展已经不再需要雇用更多的人口，因为开始进入自动化时代，体力和重复性的脑力劳动甚至如金融、法律等行业的部分职位，都不再需要大量人工。华伦·贝尼斯（Warren Bennis）讲过一个著名的笑话：未来的工厂里只需要一个人和一条狗。人的工作是喂狗，而狗的任务是看住人，不让他碰机器。

人类的价值受到挑战，外部化的东西无法再依赖了——因为机器一样可以提供，无论是体力还是知识。只有人之为人的根本天性才有最大价值，这与内发说理论十分匹配。与此同时，科技的发展也给教育提供了新的手段。斯坦福在线高中创始人雷蒙德·拉瓦利亚（Raymond Ravaglia）认为，之所以近十年会成为教育科技变革的节点，并不是因为出现了什么新的神奇技术，而是一系列技术开始大规模普及，"至少在美国，对绝大多数学校而言，为学生配备电脑并接入互联网已不是难事，这是新的基础设施"。

活跃在硅谷的科技创业者马克·帕夫柳科夫斯基（Mark Pavlyukovskyy）提供了关于儿童使用科技的一个立场鲜明的观点："未来的世界一定充斥着科技，如果小孩不从小就学着去驾驭科技，那他们一下暴露在科技环境中时——这一天早晚来到——很可能会被科技奴役。"

正是因为科技在这一轮教育变革中的突出作用，新教育学校也首先出现并发展于科技精英聚集的区域，比如硅谷。受到众多投资人关注的 AltSchool 和依托在线学习平台可汗学院建立的可汗实验学校，是其中两个典型代表。相应地，办学者也发生了变化，许多科技、商业界人士直接介入学校运营，他们把全新的思维带入传统教育界，产生激烈的碰撞。在这些局外人看来，他们在为僵死的传统教育进行"颠覆式创新"；而对其他一些持保留意见的人而言，这无非是某种"硅谷锤子主义"的再现——当你手里有一把锤子的时候，看什么都像钉子。这把"锤子"，可能是大数据科技，也可能是商业化的组织管理形式。

绝大多数的新教育学校，都是现有体制之外的尝试，它们如何作用于整体性的教育变革？新教育家们都声称，教育公平问题是他们的首要关切点，他们的学校将从两个方面推进教育公平，一方面是示范性的引领作用，例如 High Tech High 和纽埃华学校（The Nueva School）

所做的教学法倡导和培训工作；另一方面则是科技的规模效应，技术精英们相信，科技一旦诞生，最终将普惠所有人。这些能否做到或者仅仅是一种声称，此刻无法得出结论。

  无论如何，这一波改革逐渐扩散，成为世界性浪潮。经济合作与发展组织在 2015 年启动了"教育 2030：未来的教育与技能"项目。在国内，教育部学校规划建设发展中心也于 2017 年 10 月启动了"未来学校研究与实验计划"。

（刘周岩）

2 加州颠覆教育：科技、创造、不确定性

如果把加州看作一个国家进行 GDP 排名，可以排到世界第五，仅次于美、中、日、德。晶体管、集成电路、人工智能……这些已经、正在、将要改变我们生活的科技，都诞生或发展于旧金山南部一个数十英里的狭长地带。20 世纪 70 年代，这里被人们第一次称作"硅谷"。

硅谷人给自己高产的创新成绩取了一个名字：颠覆式创新（Disruptive Innovation）——亚马逊"颠覆"了图书业，谷歌"颠覆"了广告业，爱彼迎"颠覆"了旅游业，优步"颠覆"了出租车业……那教育呢？

又一次，加州成为变化发生的前沿——十余年里出现了一批践行新教育理念的实验学校。相信科技的力量，创造新事物而不是墨守成规，直面不确定性，加州新教育家们对旧教育的颠覆，从这三个方面展开。

科技：因数据得自由？

"2013年我的女儿要上学了，我和妻子给她找学校。看了一圈之后被教育界的现状震惊了——和我们小时候的小学几乎没什么区别，还是老师们对着几十个学生讲一样的内容。科技在哪儿呢？"麦克斯·文迪拉（Max Ventilla）如此谈起创办AltSchool的机缘。

他是近5年美国教育界受到最多关注的一位"搅局者"，2018年尚不到40岁，在开办学校前从未有过任何教育界经历——既未当过老师、校长，也没有做过教育研究，但麦克斯根据自己的直觉，认为现在的教育"一定不太对"。

来到AltSchool位于旧金山市中心的耶巴布埃纳（Yerba Buena）校区，如果不是提前有所了解，一般人甚至很难意识到这里有一所学校。在高楼林立的商业区十字路口，AltSchool就"藏"在街角一栋写字楼里，占据了一到四层的部分空间。墙外的标识是标准的科技公司极简设计风格，蓝底白字的Alt（Alternative，非正统）和白底蓝字的School（学校）。

校长艾米丽·达姆（Emily Dahm）刷指纹推开一道门，就是办公空间一样的学校了——半开放式的教室，随处坐卧的学生们。各个角落都安装了醒目的监控设备，告示上写着"AltSchool学习实验项目采集视频和音频，以便更好地理解儿童学习过程"。艾米丽说，孩子们每天在什么区域出现更频繁，彼此的交谈模式，甚至不同时段的声调高低、面部表情，以后都有可能为给他们定制个性化策略提供数据支持。"不过目前还没有到这个阶段。现在主要利用孩子们通过计算机完成学习过程生成的数据,到三年级左右学习基本在计算机上完成,更小的孩子不需要用这么多电脑。"艾米丽说。

麦克斯创办 AltSchool 的出发点正是利用科技手段全面搜集学生学习过程的数据,用算法进行分析和个性化推送,彻底打破传统学校标准化的教学和评估模式。从耶鲁毕业获得数学、物理学双学士以及 MBA 后,麦克斯就一直进行算法研发和科技创业工作。辞职办学前,他已经在谷歌任职高位,负责各产品线的个性化战略。这是他作为门外汉办学的信心来源,也是其他硅谷投资人看好他的原因,包括扎克伯格夫妇在内的众多硅谷科技界人士在 AltSchool 创办初期就投资超过 1 亿美元。

"一个 10 盎司的罐头卖 2.79 美元,另一个 13 盎司的罐头卖 3.99 美元,哪个更划算?和刚才讲的概念有什么联系?你们思考一下,如果需要计算器自己去拿。"苏西·弗里德兰德 – 霍尔姆(Susie Friedlander-Holm)老师给 4 个小朋友布置了任务。在她的四年级数学课上,要数好几遍才能数清班上究竟有几个学生。一共 10 个:4 个围坐在长桌旁听苏西讲课;3 个趴在地上凑成一堆;还有 3 个分散开,其中两个窝在角落里的"懒人沙发"上敲电脑,另一个不停地在教室里走动。

"这是同一堂课,但 10 个学生分成三组,他们的进度略有区别:自己用电脑的几个进度最快,在自学下一节的内容;3 个一组的在合作完成一个数学游戏;课桌旁坐着的这 4 个学生则需要我帮他们再复习一下此前的概念。"苏西说。分组的依据是他们最近在平台上完成任务的情况,苏西综合数据做出判断,但她也承认,系统还在研发之中,现在多少有些"作弊",因为班级学生很少,加上她经验丰富且愿意投入大量精力,所以才能维持个性化教学。平台希望能够在师资水平和师生比都更为普通的学校里实施。

"如果学习安排都不是个性化的，怎么可能实现真正的学习者中心？"AltSchool 负责制定育人和教学体系的德温·沃迪卡（Devin Vodicka）说。个性化学习（Personalized Learning），是技术派教育家们眼中的一个关键桥梁，但真正的目的是"学习者中心"。

有数次技术进步都曾在人类历史上带来教育和学习方式的飞跃。文字的出现使信息可以在代际进行有效传播，但并未使不同人群获得平等的信息权。印刷术和书籍的大规模普及使大多数人接受教育成为可能，也使教育进入了标准化时代。在科技精英们看来，新一轮的大数据和人工智能将使人类第一次普及个性化教育。

"一个老师处理 10 个学生和 20 个学生的个性化需求，工作量会翻番；但对计算机系统，处理 10 个和 1000 个没有区别——只要一开始把系统设计好。"麦克斯说。在他看来，科技擅长以低成本处理多样本带来的复杂性（Complexity），同时保持对每一个对象处理结果的灵活性（Flexibility）。"有些事情教师是做不到的，比如数学老师最多掌握学生的数学学习情况，英文老师掌握英文学习状况，信息是分散的。但计算机可以整合一个学生的所有学习数据，构建关于这个学生认知和行为模式的整体也更准确的图景，进而给出更有价值的学习策略建议。"麦克斯说。

有类似想法并且付诸实践的，还有另一家著名的硅谷实验学校——可汗实验学校。

萨尔曼·可汗这位前对冲基金分析师在给自己的侄子侄女辅导功课时也会编写一些小程序，记录他们不同的错题倾向，然后自动匹配合适的练习。因为成绩进步迅速，侄子的同学们也闻讯而至，可汗不得不把小程序的功能逐步增加，一一辅导忙不过来，就录制了YouTube教学视频。最终，诞生了数百万人使用的、世界上最大的在线学习平台之一——可汗学院（Khan Academy）。2014年，可汗自己的孩子也到了上学年龄，他干脆办了一所实体学校，尝试着把在线平台和学校教育进行深度融合。

可汗实验学校中学部校长吉姆·陶（Kim Dow）说，基于数据收集和分析的科技系统深度介入学生们的学习过程，以至于"老师"的称呼都发生了变化，负责某一门学科的老师被称作"内容专家"（Content Specialist）而不是"教师"（Teacher），因为相当一部分"教"（Teach）的内容是由线上平台和学生互动完成的，而老师的重要工作在于为线上系统制订整体内容规划、分析学生在平台上生成的数据并适时给予指导。

"数学内容专家"伊安（Ina）正是因为认同可汗在数学教学上的理念，才从公立学校来到了这里。伊安的学生们很大一部分要通过可汗学院的线上平台自我学习，她则监测数据。"如果我发现一个学生卡住了，会及时给他单独辅导；如果学生很顺利地在往前走，我就让他自己走下去。我会适时把大家聚集在一起，组织些讨论。"如此一来，传统的课堂结构被打破了。无论是在AltSchool还是可汗实验学校，学生们排排坐听老师讲解的场景极少出现，更多是大家分散在各处，或坐或卧地独立学习，教师则穿梭其中不时地予以指导。

技术的介入使老师的角色发生了深刻变化。如此情景推演下去，最终人工智能会取代教师吗？所有的新教育家对这一点都予以否认。一个普遍的共识是，孩子年龄越小，和老师的真实接触就越重要。但以麦克斯和可汗为代表的硅谷科技精英们认为，以往只依靠人力的教学是非常落后的，不仅无法实现个性化，而且无法实现数据的迁移和积累，教师必须与人工智能达成深度合作。

"是什么塑造了一个好教师？很大程度上是经验，他教过很多孩子，对不同孩子的行为模式、学习需求有足够的了解，这其实就是数据。可是，从收集数据的角度，一个教师一辈子也比不过 AI 的一分钟。"德温说。

人类与人工智能的搭档，在人工智能领域被称作"半人马"（Centaur）。在著名的"深蓝"计算机击败国际象棋大师之后，科学家们在实验中发现，可以达到下棋最高水准的既不是人，也不是机器，而是人和机器组成的搭档。机器提供基于海量数据形成的判断建议，人类高手适当进行调整，就可以战胜所有单独的人或机器。热衷于科技的新教育家们对未来学校的畅想，正是这样的"半人马"搭档共同教学。

即使 AltSchool 的模式可以按照理想运行，许多人心里其实还有着对"数据主义"的恐惧。正如科幻小说《美丽新世界》的基本构架：人类行为是生化数据，科学可以掌握数据并且生成算法，再用技术加以操控。听起来或许有些耸人听闻，麦克斯的这套畅想真的会导致一个强大的软件比我们更了解自己，能够替我们决定该学什么、不该学什么，乃至度过怎样的人生吗？赫拉利曾经拿谷歌公司的产品举例：当使用谷歌地图进行导航时，到一个路口自己心里隐隐觉得应该左转，可是导航坚定地告诉你右转，人们通常会怎样选择呢？

麦克斯说，他在谷歌工作时就经常听到类似的科技恐惧论调，但他相信科技最终带来的是自由。"在教育里，如果拒绝数据、拒绝算法，就只有接受传统教育模式的最主要特征——标准化。而在标准化之下，很难建立一个健全、自主的人格。"

2017 年，原本在全美有 7 所校区的 AltSchool 关闭了 3 所，也停止了进一步扩张校区的计划，只直接经营位于旧金山和纽约的 4 所实验学校，更加专注于系统平台的开发，期待未来通过将科技平台成果出售给公立学校的方式盈利。许多教育界人士认为 AltSchool 的转型已经宣告了这一套硅谷数据主义畅想的破产，麦克斯却不这么认为："我曾经对新建社区微校的概念很痴迷，现在认为用技术手段直接去改造现有的公立学校，或许是更有效、商业上也更行得通的模式，但没有变的看法是技术一定会重塑学习过程。"

未来的学校会是什么样子？麦克斯也不知道，因为不同地方的学校一定各具地方特色，这是他试图开办麦当劳式连锁学校遭遇失败得来的教训；但一样的地方在于，必须要有收集和分析数据的工具。"不一定是我们的科技平台，但一定会有这样一个平台。"

创造：知识还是力量吗？

High Tech High 创始人拉里·罗森斯托克（Larry Rosenstock）的办公室里挂着一张黑白照片，是他当年拍的纪录片的海报。二十多年前，他做过律师、哈佛教师，业余爱好做木工和拍电影。"那部纪录片关注美国监狱的一些状况，播出之后，一些有问题的监狱竟然真的关闭了，这是我做律师时竭力努力却没有实现的。"拉里说，"那些书本上的条文未必有意义，真正可以展示给别人的东西往往是有力量的。"

展示，是 HTH 项目制学习中的重要一环。了解（Observation）、反思（Reflection）、制作（Documentation）、展示（Exhibition），是项

目制学习的四部分。

项目制教学被普遍认为有益于培养学生的创造力，不过在绝大多数学校，都只是课外活动、暑期研究一类的点缀。而 HTH 是全项目制学校，从一到十二年级，所有科目都采用项目制方式，只有极少数课程例外，如对需要参加 SAT 数学考试的同学的额外补习。

整个学校的时空结构也被项目制重塑。

站在 HTH 主校区中央，你很难判断某个时刻是上课时间还是下课时间，学生们坐在桌前对着电脑工作，也有许多人来回穿梭讨论，始终保持着一定音量的噪声，不存在"45 分钟诡异的静谧，10 分钟的疯狂与喧嚣"的时间结构；也很难判断谁是老师，因为没有居高临下的讲台，老师混杂在学生之间指导，有时教室里有两位或更多的不同学科的老师，有时教室里没老师；也无法判断在进行的是什么课程，因为项目制使传统的学科概念不再生效，一个大型的项目必定涉及多种学科。

拉里办公室所在的主校区由海军基地厂房改建，只有一层，天花板非常高，采用大面积玻璃的教室围绕公共空间错落环绕，犹如开放式博物馆，亦像厂房，所见是各种各样的"展品"——机器人、海报、木工制品以及其他许多无法归类的物品，比如横亘在走廊中的木桥、墙面上巨大的机械装置。这些都是学生们的成果。在这样一所完全采用项目制教学的学校中，大家每天在学校的创造、合作都围绕它们展开。

相比于传统学校，HTH 的一切都不再是固定的，时间、空间、知识、人际关系……都"流动"了起来。表面上看，有序与有结构的东西都被消解了。"因为我们所处时代的秩序在变化，所以学校最好不再用工业时代的秩序来规范学生。"拉里说。

为什么要用项目制的方法？"因为这是人最自然的学习和创造的过程。你有一个问题或者要做一个东西，于是去学需要的知识，最终把项目完成；而不是我把许多'知识'给你，你压抑着困惑学习这些知识——因为你不知道为什么要学它们，然后参加一个考试，很快全部忘掉。"在 HTH 任教 15 年的资深物理教师安德鲁·格洛格（Andrew Gloag）说。

他是英国人，本科在牛津学习物理，获得物理学博士学位后做过科研工作，和 HTH 的许多老师一样，并没有在传统中小学教书的经验，因被 HTH 的教学理念吸引参与了建校初期的工作，然后留了下来。

安德鲁的课程留下了不少著名作品，比如横跨楼内的"无水之桥"，这已经成为 HTH 校园的著名雕塑；还有数米高的巨型装置"旋转"，参观者只要轻轻转动下方一个小把手，横贯在一整面墙上的数十个自行车轮胎会同时开始转动，形成震撼的视觉效果。

相当长的历史时期中，教育的目的是教给学生固定的知识，这也是学生上学的主要原因，因为在他处无法获得这些信息。知识是稀缺资源，只存在于特定的地方，比如学校、修道院。这一事实在今天显然变化了。互联网让单纯的信息变得非常易得，智能工作也存在被替代的可能。"不仅是收银员、司机这些职业会被取代，律师、会计这些传统上被认为需要较高智力活动的职业，也正在被人工智能替代，因为它们很大程度上是重复性的智力劳动，这是机器最擅长的。机器唯一不能做的是创造新东西，而这是未来人类在智力上最有价值或说唯一有价值的地方。"泰德·丁特史密斯说。

安德鲁老师的跨学科课程

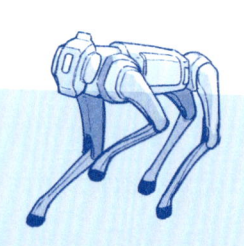

用项目制学习来组织课程，传统学科的概念也就模糊了，因为大多数项目必定跨学科，安德鲁老师和同事们还会有意进行学科交叉。

制作出"无水之桥"和"旋转"的这门课，当时是由负责工程、数学、艺术的三位老师联合上的，安德鲁负责数学。到结课时，三位老师分别给了学生们工程、数学、艺术三科的学分和成绩，让他们可以获得传统的毕业成绩单来申请大学。

不要以为上一门课拿三个成绩是占了便宜。这门课当时每周上5次，周一到周五，每次半天，换句话说，参与学生一学期一半的时间都用在这门课上了。

所有的知识内容都能采用项目制学习方式吗？像量子力学和天体物理这样抽象的理论该怎么设计项目？安德鲁和人文教师卢斯蒂·沃克（Rusty Walker）合作开了另一门课——宇宙物理和文学的跨学科课程。

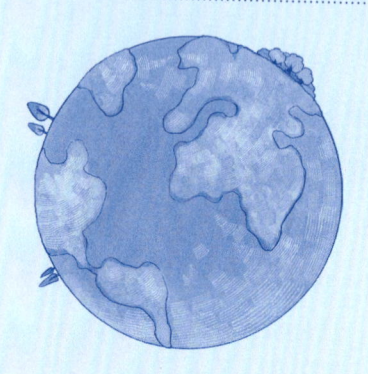

学生们的项目是写科幻小说。在课堂上，学生伊安（Iran）兴奋地描述了他调整引力常数、改变行星重力创造"超级人类"的构想。根据要求，他们必须四人一组合作设计出殖民地行星生活的不同方面，做成一本科幻小册子。

刻意培养创造力可能吗？斯坦福大学教育学院院长丹尼尔·施瓦茨（Daniel Schwartz）认为，大多数人对"创造力"这一概念有深刻误解，认为"创造"是一小部分天才的事，普通人与之无关。"创造力不是与生俱来的品性，那种非黑即白的看法，这个人要么有创造力，要么没有，是不正确的。创造力完全可以通过科学的方法进行系统培养。就像体育，虽然练习并不能保证你参加奥运会，毕竟每个人的上限不同，但合理锻炼一定可以让你大幅度提高身体健康程度和运动能力。"

新教育家们的教育实践，正是基于这样的认识。

除了项目制学习，设计思维（Design Thinking）是关于"创造"的教育实践中另一个最常被提及的关键词，这是硅谷人为了把创新变得可复制而诞生的产物。

"设计思维实际上就是关于如何产生新的想法。一个好主意或产品的诞生都有相似的行为过程和思考模式。"萨姆·塞德尔（Sam Seidel）说。萨姆是斯坦福大学d.school K12项目研究主任，d.school目前是斯坦福校内一个进行创新方法研究及教学的跨学科中心。

据d.school的创办者大卫·凯利（David Kelly）在文章中回忆，他在斯坦福任教时有一次无意中把"设计（design）"和"思考方式（a way of thinking）"两个词混在一起，诞生了"设计思维"这个提法。一个基本的设计流程可以归纳为：以同理心（Empathy）收集对象的真实需求，通过定义（Define）来分析收集到的需求并提炼要解决的问题，头脑风暴（Ideate）生成创意点子，通过原型制作（Phototype）把脑子中的想法呈现出来，最后进行测试（Test）优化解决方案。这个理论在随后几十年中迅速发展，衍生出无数细节。

设计思维第一次进入基础教育界，是在硅谷著名的纽埃华学校。

从纽埃华出发，斯坦福大学、谷歌和苹果公司的总部都在一小时车程以内。正如英国的上流阶层把孩子送去伊顿公学是希望他们继承父辈的修养、绅士举止，硅谷的科技精英们把孩子送来纽埃华，也是迫切地希望他们能够在这里传承一项无法生物遗传的特质——创新能力，这是硅谷人的立足之本。

虽然建校历史较早，也不同于 HTH 的公平招生理念，高度精英化的纽埃华仍被人们视作谈论"未来学校"时的重要样本。因为从 20 世纪 60 年代建立小学和初中部之初，纽埃华就旗帜鲜明地以培养学生的创造力为首要任务，始终不停地探索新的教学法。这吸引了相当一批斯坦福教授把孩子送来这里上学，其中包括大卫·凯利。于是，在他和学校的合作下，设计思维第一次进入了基础教育领域。这本身也是一个只有在硅谷的天时地利之下才会发生的故事。

设计思维目前已经成为纽埃华教学法的基石。每个年级都有根据相应年龄学生的认知和知识能力设计的示范项目，亦有专门的创新实验室（I-Lab）提供资源支持。许多往届学生在课程中为学校和周边社区大大小小的问题提供的解决方案至今还在运转——例如校内的鸡舍和已经全美知名的 Waste No Food（拒绝浪费食物）公益组织。

纽埃华的数学教师劳拉认为，几乎所有的学校都宣称要培养学生的创造力，但很少有学校真正做到了，即使纽埃华也仍在探索之中。"我们的经验是，创造力教育不该只是一些单独的课程，而是贯穿在教育者日常的每一句话中。比如在纽埃华，如果一个学生想出了好主意，老师在鼓励他之后，一定会让他再去思考其他可能。因为一个人最初的主意往往不是最好的——虽然他们自己常这么认为，这是设计思维中一个重要原则。"

另一位纽埃华教师，高中部的卡洛则自称是"进步教育阵营里的批判者"，对许多过分强调兴趣的教学方式颇有微词。卡洛拥有哈佛大学神经生物学博士学位，他的导师之一是著名心理学家霍华德·加德纳（Howard Gardner），其提出的"多元智能理论"认为人除了语言和数理逻辑等智能之外，还有空间、身体运动等多种智能，教育过程中不应厚此薄彼。

"在我看来，我老师的这个理论是一种很好的哲学观点甚至意识形态，但不是科学层面有教学指导意义的。学数学就是需要艰苦的思考工作，跳一段舞并不能帮你，会跳舞也不该成为不学数学的理由。"卡洛说他算是老师理论的"叛徒"，但他强调，无论在兴趣和训练的问题上有怎样的看法，有一点是底线共识，那就是"一定要让学生尽量去模拟创造知识的过程，而不是仅仅'学会'已有的知识。这是我课程设计的第一原则。知识就是力量，这是培根时代的真理，今天的真理是'创造知识才是力量'"。

如果创造的问题这么重要，项目制、设计思维等方式也已摸索出了许多经验，为什么绝大多数学校仍然更愿意用讲授的方法直接把知识教给学生？仅仅是因为对升学考试的担心吗？在拉里那间摆满了学生创造成果的办公室，他如此回答："因为他们以前上过的学校是那样的，他们认为把相同的东西给孩子最可靠。"

拉里说他接下来的计划是要在加州伯克利大学的教育学院开一门课，名字就叫"如何开办一所新学校"。"你能想象吗？美国有1400多所教育学院，但是没有人开这门课。好像大家觉得原有的学校就够了，而我们只需要在上面修修补补。"

不确定性："一切坚固的东西都烟消云散了"

30 岁出头的奥利·弗里德曼（Orly Friedman）是一位有着远大抱负的小学老师，住在旧金山市中心的一栋公寓里。从耶鲁本科毕业后，奥利主动到华盛顿一家基础非常薄弱的公立小学教书，这在她的同学里是相当罕见的选择。"我最终的理想是要开自己的学校，所以需要从最普通的职位做起，了解学校是如何运转的。"奥利说。不过因为挑选的那所学校太差，在当时学区的改革中被直接撤并了，辗转体验了其他几所东部的公立学校后，奥利进入斯坦福大学读 MBA，准备下一步的计划。

2014 年，奥利从斯坦福毕业，她和萨尔曼·可汗相识，二人产生许多共鸣，于是奥利加入了可汗实验学校的创校筹备团队。"计划是 2014 年 8 月中旬开学，我加入的时候是 6 月，那时候还不知道学校该建在哪儿。这是典型的硅谷创业公司作风。"奥利笑着说。后来开学推迟了一个月，正好赶上可汗学院搬家，于是位于硅谷山景城（Mountain View）的二层办公楼就用作了可汗实验学校的校园。2014 年 9 月，32 名学生作为创始届学生正式开学，许多学生父母也是可汗学院的员工，和创校团队形成了一个紧密的共同体，开始这场教育实验。2018 年，学校已经有了 140 名学生，还在原址，已经感觉有些拥挤。

第一年学校仍是传统的年级制，但在奥利和同事们看来，这种自动升级制是不行的，孩子应当主动成长，提出升级申请，由教师进行评估——从坐电梯改为爬楼梯，结构仍然在，但是需要自己努力，每个人根据情况可快可慢。于是，12 个年级被替换为 7 个独立层级

（Independent Level），从下一个层级升到上一个层级平均需要学生花两年时间，但最快的只需要半年，慢的三年。经过多次迭代，"独立层级"已然成为今日可汗实验学校的招牌，甚至有家长和学生专门为此而来。

迭代（Iteration），这个创业者常用的词，也同样是新教育家们口中的高频词。AltSchool 的麦克斯就认为，相比于 AltSchool 以月甚至更短的时间单位变化和更新，传统学校的变化是"地质速率"，这并不是因为它们需要的变化更少，而是它们抗拒变化。

两年前，HTH 也曾尝试取消年级制而实施混龄制，但由于学生规模和课程结构的不同，在其他学校可行的方式在 HTH 引起了巨大混乱，学校只好改了回去。"没什么，我们进行尝试，结果不对，很快再改正。"拉里说，"我们不是为自己找借口，给自己开脱，说政策的变化纯粹是为了锻炼学生，而我们自己没错。如果你问我 HTH 什么时候犯过错误，答案是每一天。但我们也从中学习，关键是怎么应对错误。"

"心理学界提出存在成长型思维（Growth Mindset）和固定型思维（Fixed Mindset），二者最大的区别在于对待失败和挑战的态度。前者将失败视作机会，从中成长；后者为避免可能的失败而不踏出安全区一步。未来社会最重要的品质是成长型思维，而传统制度的学校是固定型思维的典型代表。"奥利说。虽然已经成为可汗实验学校的小学部校长，学校也在蓬勃发展，但奥利决定把自己的办学理想继续推进：她从学校离职了，开始筹备二次创业——有可能失败，但又有什么关系呢？

外界对这类新教育学校的一个常见评论是，所有这些理念听起来都很好，可现在还处于实验阶段，还在摸索和变化中，如果将来这个系统稳定了，他们很乐意把孩子送来。

在奥利看来，这几乎是对新教育一种南辕北辙的误解。"静态稳定的时代已经过去了，我们不是从这种静态换到另一种静态，而是去获得新的动态稳定，就像骑自行车，想通过蹬慢一些或停下来没法保持稳定，唯一能做的是不停地向前，一旦骑起来，就会发现简单了。包括学校在内的所有社会组织，就是要不停地试验新想法，快速开启下一个循环，让轮子转起来。"

新教育家们对未来的一个根本性理解是，一切在快速变化中，可以依傍于某种外在事物或秩序的想法已然不切实际，能做的只有锻炼出强大的自我，去面对不确定。除了"稳定"之外，"权威"也要被从神坛请下来。既有知识体系的权威已经被挑战，而教师或成人的权威也需要被质疑。自由、民主的校园氛围和去权威化的师生关系，是创新学校的共同特征。

许多美国教育界人士认为，即使在美国，这些新教育学校的校园氛围也是一种远高于平均水平的、有意识创造的自由环境，而不是因为"美国都这么自由"。一位曾参观过HTH的缅因州私立女校老师说："那里的学生管理是无政府主义式的，基本不存在行为规范的概念。一个小学部三年级的学生可以在任何他饿了的时候走出校园到社区超市买东西吃，这对我们是不可想象的。"

拉里也非常清楚这一点，"我们的学生非常自由，不是因为这能给我们减轻负担，每次有人捅了篓子都会第一个找到我。未来社会的每个人需要对自己负责，没有其他人可以对你负责。给学生自由是让他们学会负责的唯一有效方法，你不能给他们上一门课告诉他们要对自己负责"。

听上去学生应当对这样的教育理念欢呼雀跃，不过并非如此简单。

在 HTH，如果用"在学校最大的困扰是什么"这个问题随机去提问学生，有人会答 SAT 考试准备时间太少，有人会说体育设施和活动不丰富，更多的回答都和"自由"有关："太自由了也让人焦虑""有的人滥用自由，自己不学习还影响别人""如果能有一种超能力，我希望是时间管理"……

学会自由，也是艰难的一课。

这一轮以加州科技产业为背景的新教育实验已处在第二个 10 年。HTH 仍保持着 95% 以上的 4 年制大学录取率——远高于加州平均水准，但也难说明问题。纽埃华的第一届高中毕业生也已升入大学，约 20 人进入斯坦福及常春藤盟校，外界的普遍评价是"相当不错，但在教育高地硅谷也只能算正常"。当然，对于这种颠覆传统教育的实验学校，以大学录取率为依据本就是错位的评价方式。这几所学校中最早的一批学生，才刚刚进入社会，他们能否如愿成为"未来之人"，现在还无从评判。但新教育家们相信，今天的时代已经处在转折的关口，这一轮教育实验不仅不会重蹈覆辙，而且将成为燎原之火。

（刘周岩）

3 传统向左，创新向右：中国教育的可能性

在中国教育最受瞩目的北京市海淀区，黄庄是又一个中心。

以黄庄十字路口为圆心，半径数百米内，就汇聚了最具代表性的一些机构——西北角是两家市值最高的教育公司，好未来集团（"学而思"母公司）和新东方集团的总部；东北和西南角是两所知名公办中学，北大附中和人大附中。周边林立的大厦里更是藏着大大小小的培训班、留学中介、亲子中心、家长俱乐部……出现在黄庄的人（学生、家长、教育者）对教育的理解和诉求千差万别，但都有一个共同点——共用黄庄十字路口西南角的麦当劳。

有人称这里为"疯狂的黄庄"，因为"在黄庄，你找不到一个不焦虑的家长"，学生和家长都被日益白热化的课业"军备竞赛"绑架。但这只是马路西侧的黄庄，是一切矛盾的集中地，也是一切生机的土壤；而马路东侧，有另一个"疯狂的黄庄"，一样"疯狂"，奔跑的方向却相反。

另一个"疯狂的黄庄"

2018年,黄庄路口东侧新开了一所创新高中:探月学院。

"矢量和标量有什么区别?"

"嗯……我想想。"

这是物理老师申亮和学生一萌之间一场一对一的"考试"。

"矢量有方向!是往某个方向前进的东西。"一萌说。

"很好,那你举一个矢量的例子?"

"火车!"

申亮老师对这个回答有些措手不及,短暂而尴尬的安静后他反问:"那如果我向你走来,我也是矢量了?"一萌显然觉得不对,却一时说不清为什么。申亮进行了解释,矢量有方向没错,但必须是一个"物理量",比如火车的速度而不是火车本身。

这是2018年11月初发生在探月学院的一幕,老师和学生在进行第一次混合式学习的阶段检测。考核是一对一进行的,因为每个学生的学习进度都不一样——他们自己进行规划,如果有充分的理由,也可以不在这个学期学物理,或者根本不学物理。这和申亮之前任教的学校,无论是公立的人大附中还是私立的凯文学校,都很不一样。

探月学院属于私立性质,收费标准一年15万元左右,创始届学生只有38名,校区是经过精心改造的半栋楼,包括教室、公共区域、休息空间等,体育设施则借用周边公共资源。班级、科目、考试这些构成传统中学学生生活核心的概念,在探月学院基本不存在。

进入探月学院后,学生们不分班,也无所谓年级,自行规划选课、参加活动，在 3 或 4 年内完成高中阶段教育。有明确学科边界、线性知识结构的科目学习不再是主体，而只占三分之一。学生可以利用可汗学院等网络资源自学，组织学习小组，教师进行答疑和检测，但不上课，也不存在主科、副科的区别——按照探月对教育的理解，每个学生的人生规划不同，大家的主次自然也不同。

那教师教什么课？主要是项目式学习。比如张阳老师这学期的课有一个有趣的名字：历史地图中的密室逃脱——如何平衡历史资料中的主观和客观。课程最后，同学们要模拟博物馆策展人，以各国国家博物馆展品为素材，办一个关于"历史中的主观与客观"的虚拟展览。课程的规划就围绕这个项目展开。

如果按照传统的学科分类，这门课涉及世界历史、政治、地理三个学科，但张阳并不会讲授太多具体事实和概念性的知识——毕竟每个人最后要做的展览内容不同，学生需要自己去获取所需的知识。课上要做的是培养核心素养，比如创意、思辨、沟通、协作的能力以及信息素养。其中一堂课的话题是"维基百科不能告诉我们什么"，张阳让大家以托勒密为例，利用其他资源如学术书籍、B 站视频、科普读物等，什么都行，找出被维基百科遮蔽的托勒密信息，反思网络信息搜索的局限性。

张阳此前在上海中学和杭州云谷学校任教，拥有复旦大学政治学博士学位，她设计课程的原则是"如果学生只能上一门关于历史的课，我最希望他们知道什么"。探月的其他课程也有着类似的方法论气质和激发兴趣的意图，比如"如何爱上写作和演讲""数据是如何撒谎的"等。教师们把自己称作"体验设计者"，带领学生进行自我认知等向内探索的活动。

混合式学习、项目式课程、在教师带领下的深度学习，这三部分构成了一个探月学生在校的学习内容。不依照国家课程大纲和教学标准，也不是 IB、A-Level 等任何国外体系的简单移植，探月学院的系统是在参考现有规范的基础上独立设计的。

细则很多，但最大的指导原则是他们的目标：培养内心丰盈的个体、积极行动的公民。这是他们所理解的"未来教育"，起名"探月"即是此意。

负责创始届 38 名学生的是探月学院 60 余位分工明确的全职团队成员——除了申亮、张阳这样有在名校任教经历的近 20 位教师外，也有苹果公司工程师、金融投资人、公共艺术家、科技公司 CTO 等不同背景的人在此任教或进行研发。"人员构成和气氛都更像一家快速扩张的创业公司，而不是普通的学校。"这是一位来访者的感受。确实如此，因为探月本来就是一家正在快速扩张的创业公司。

未来数年内，探月学院计划在全国开设 6—8 所学校，同时对外输出一系列教育相关产品和服务。现在黄庄校区的一切都还带有强烈的实验性。在龚欣瑜老师的课上甚至出现了这样一幕，一共 7 个人——龚老师和三名选课的学生，一位探月教研团队成员，一位为探月拍摄纪录片的央视摄影师和另一位外部观察者。学院内部不停地有客人造访，教育家、投资人、科技人员……无数人正密切关注着这场教育实验。

教育实验如何发生

探月学院创始人王熙乔被大家称作 Jason。他是北大附中 2015 届毕业生，没去上大学，高中毕业后就开始筹备探月。探月的诞生，来源于他自己受到的两种反差极大的教育所带来的冲击。

王熙乔初中在四川省绵阳市一所高压应试型学校度过，"和衡水中学一样，我当时感觉再那样下去我就完了"。于是他自作主张，决定到北京上学，申请了北大附中国际部——气氛宽松，又能让家长放心。

当时北大附中的校长王铮正进行着中国公立名校里最激进的教育改革。这场改革的成因和发展都颇为复杂，但有人总结出这些表面的变化：取消穿校服、不许带手机等不必要的规定，由班级制改为书院制，丰富的校本课程和灵活的选课制度，多样的文体活动（北大附中占地仅70亩的校园里有5个剧场），自由平等的师生关系……也有人总结："学生爱死，家长愁死。"

北大附中是极少数由大学教师直接作为创校教师建立的中学，气氛自由、教法灵活是其出生就带有的基因。王铮就成长于这一传统之中，他本人是北大附中和北京大学物理系校友，主张"儿童中心"的杜威是他最常提到的教育思想家。当教育的气氛日益变化，个性发展与学业竞赛的矛盾日益严重时，王铮选择了前者——许多人将他视作带来变化的人，但在北大附中自身的脉络下审视，某种意义上他也是一位坚守者。

而王熙乔所在的国际部贯彻着探索出国体系和道尔顿制（Dalton Plan）的教育理念，加上没有高考的束缚，甚至更为自由。有两门课王熙乔最喜欢，一是原本是美国知名文理学院教授的弗兰克夫妇的哲学讨论课，二是张璐鸥关于企业家精神的课。当时，他们都在北大附中做全职教师。引入社会资源丰富教学，也是改革的一部分。

毫无疑问，从中国教育的一个极端来到另一个极端，给王熙乔带来了巨大冲击。拿到南加州大学的录取通知书后,趁着高三最后半年时间,他在学校里组织了一个俱乐部,内容就是把哲学课和企业家精神课结合到一起,他自己既当老师又当"共同学习者",分享给校内更多的同学。

这一开始,再加上大家的鼓励,就停不下来了。"我知道大学申请书上写的志向是在骗自己,那不是真正的答案。"王熙乔说。既然没有完全想好人生的规划,他决定先把眼前分享教育的事继续做下去,大学过一年再上——结果直到今天也没有去。

他获得了关键人物的最初支持——王铮同意他留在北大附中,以活动指导老师的身份工作一年,同时继续他的项目,并且批准了一笔经费用于改造南楼空间,支持王熙乔面向全市中学生课外活动的孵化器项目。一切得以启动。

此后的故事则是一步接一步的跨越式发展,慷慨的投资人、志同道合的合作伙伴、有利的政策……王熙乔的项目从面向本校同学的课外俱乐部,到面向外校学生的孵化器,再到变成现在的学校,其间只经历了三年多。这是天时、地利、人和全部具备的结果。王熙乔非常清楚,他无比幸运,所有的条件正好凑到了一起。

大趋势之下,对新教育的需求呼之欲出——越发热闹的各类未来教育大会和教育部学校规划建设发展中心启动的"未来学校研究与实验计划"似乎可作为佐证。那些经受了不同教育体系的碰撞且具备了有利的外部条件的人,无论是不是教育的门外汉,都有可能成为新教育的开拓者。

旋涡中的选择

对这些新教育实验，有的人以批判乃至带一点幸灾乐祸的眼光，想找到其内部的矛盾和崩塌的迹象，却时常失望而归——没想到大多数学生真的很开心，老师很快乐，家长很满意。

原因很简单，无论是探月还是其他理念各异的"新学校"——比如注重中国传统文化教育的明悦学校、注重学术能力培养的 T-School（挑战者学校），都是愿者上钩。如果不是认同这样的理念、愿意承担这样的风险，老师们不会来这里工作，家长们不会把孩子送来。偶有误会的，也会选择退出。如王熙乔所说，探月学院的招生标准很简单：找到那些正在寻找我们的人。

真正的张力，在这些微观环境和大的教育场之间。这些新教育尝试有没有可能扩散至更大范围，而不是成为自我边缘化的"桃花源"？两个"疯狂的黄庄"之间是怎样的关系？就像黄庄路口川流不息的行人，几乎任意一种教育路径都可以找到无数鲜活的例子。

有人从西向东跨越。探月学院创始届中的一位学生，初中在人大附中就读，成绩优异，有无数人最羡慕的"位子"，可家长和他一起舍弃了那个更有保障的升学前景，决心开展这次冒险。也有人从东向西跨越。一路从北大幼儿园、北大附小、北大附中初中升上来的北大子弟，因为王铮的改革，高中选择离开北大附中的也不止一位。一位北大哲学系教师曾愤怒地表示，"自杀式改革"让北大附中从"一流中学"变为"二流中学"，在他看来，所谓"先进模式"其实是无视基础教育规律。

不过，谁又能坚信规律就在自己手中？每一个阵营都有自己的"叛徒"和守卫者，还有更多的人游走于其中。也许从外部看去，黄庄马路两侧不同的阵营"势不两立"，一边是"进步"，另一边是"落后"，或者一边是"规律"，另一边是"反规律"。可真正生活在黄庄的人，却往往感觉这里是一个旋转中的巨大旋涡，彼此依存。无法想象一个没有补习班的黄庄，也无法想象一个没有教育改革的黄庄。

教育是什么呢？谁能代表教育的方向？

王铮不接受媒体采访，也极少在公开场合发言，但他对学生很好，愿意和他们交流，学生们有时会叫他"铮哥"。某年春节假期的一天，一位高一学生约他聊天，交流在学校里的感受。王铮那天说了很多，中午王铮请学生在黄庄西南角那个麦当劳吃午餐。那个学生说他觉得北大附中本来已经很好了，改革带来很多新东西，反倒让人有点眼花缭乱。王铮说："教育的生态，无论是在一个学校里还是整个社会中，都需要多样性。"

（刘周岩）

4 未来学习法则

面向未来的教育的一项根本原则是成为终身学习者。无论是否错过了去未来学校读书的机会,每个人都需要终身自主学习。学习本身也是一门科学,掌握正确的方法,可以事半功倍。

斯坦福大学教育学院院长丹尼尔·施瓦茨教授是学习科学领域的权威,他为我们提供了五条经过科学验证有效且对不同学习内容普遍适用的学习方法,并举出实例,从如何记忆信息开始逐步递进,一直到与他人合作分享,构成学习过程的一个完整流程。有些内容或许听起来很像常识,但若能在每一次学习中有意识地应用,一定有所助益。

自我生成

无论未来的学习如何变化,掌握一定的信息在大多数时候仍是需要的,这就涉及记忆。背诵记忆在各类学习中都扮演着基础性的角色,却总让人感到痛苦,主要原因是方法过于低效。

多读、多背就可以吗?"记"和"忆"其实是两部分,"记忆"

是把新鲜事物记入大脑,"回忆"则是从记忆中回想已知事物。不同的运行机制对应着不同的规律,自我生成(generate)的方法能够有效提升回忆的效果。有两条简单的原则:一是确认目标内容是主动生成,而非被动阅读;二是记忆练习要循序渐进,不要集中突击。

自我生成是一种依靠回忆过程来强化记忆的学习技巧。一句话概括:越去反复回忆一件事情,将来就越容易回忆起来。听上去易懂,但是费点脑力主动回忆才是关键。举个例子,一个极为普遍的学习行为是拿着记号笔,在教科书上把重点语句全部标黄,然后复习的时候就反复阅读标黄的句子;又或是英文学习者拿出单词书先读第一个单词,比如"abandon",眼睛再扫到旁边的释义,一行行一遍遍地读下去,但效果并不理想。

用类比来形容,自我生成就像锻炼肌肉,越反复练习,力量就越会得到强化。要通过相关线索去反复回忆一件事情。看到挂炉、酱、北京这三个词,是不是会想到"烤鸭"?这就是自我生成——想出"烤鸭"强化了对"烤鸭"的记忆。相反,如果把前三个词和"烤鸭"都放到一起,对"烤鸭"的记忆就无法得到强化。

用眼睛看若干遍,不如依靠自己的大脑主动想一遍有效。请思考,用记号笔标黄的时候该怎么做呢?

记忆中还伴随着大量的遗忘,"间隔效应"(Spacing Effect)一定程度上能对此有所改善。原计划用30分钟一口气背完的内容,安排到三天中各花10分钟回忆巩固,一个月后进行测试记忆的效果会提升10%。

充分掌握了信息后,该如何对信息进行处理呢?那就是在大脑中构建思维模型。

自我解读

人们认知世界的过程是构建思维模型的过程。仅仅有信息还不够，还需要通过构建思维模型把这些信息有机地整合到一起，生成更深层次的理解与认知。一直以来，"思维模型"这个术语并没有被大众普遍认知，但它却在学习中扮演着极其关键的角色。

请听这两句话：一只鸟在树枝上鸣叫，树下站着一位女士。此时你脑海中浮现出一幅图像？这就是一个极简的思维模型，通过这个模型你可以直接判断出鸟儿下面有一位女士，即便原文中并没有明确写出来。小说的人物关系图、项目管理的流程，甚至对女朋友行为的了解，都是一个个思维模型，指导我们以某种特定的方式去执行任务。

怎样构筑思维模型？可以用"自我解读"（self-explanation）的方法，其过程涉及元认知。元认知是对自身思考与学习过程进行审视和调节的主观意识，也就是思考自己是如何思考的。比如阅读，人们可以通过不断的自我解读来审视自己的理解。一旦发现哪里解释不通，可以有意识地放慢速度重新理解，或是回顾前文来确认关键信息。比如下面这句话："心脏隔膜把心脏分为左右两侧。右侧把血液泵到肺部，而左侧把血液泵到身体其他部位。"自我解读的高手会边读边想："所以心脏隔膜是一个隔断，为的是不让血液混在一起。隔膜右边的血液是去肺脏的，左边的是去身体的。那么心脏隔膜就像一道墙，把心脏分隔成两部分……分隔开后，血液就不会混在一起了。"再看原文，会发现文中确实没有明确指出心脏隔膜是为了防止血液混合，但是善于自我解读就能悟出这一点，也能延伸问题："当心脏隔膜上穿孔时，身体的供氧效率是否会降低？"

自我解读分解下来有四大步骤：第一，认识到学习的目的是构建思维模型；第二，能将新信息与已知的事物联系起来；第三，努力把新信息带入同一个逻辑通畅的思维模型中去；第四，及时检测思维模型中可能存在的逻辑漏洞。

要想充分掌握自我解读，还建议遵循这三大原则：尽量用自己的话来表达；更强调如何、为何，而不是何事、何时、何处；与之前学过的知识联系起来，不断询问自己"二者有什么关系""如果……会怎么样"。

高效地记忆信息，和通过构建思维模型对信息进行有效处理，都是未来学习中不可或缺的"术"。此外，还需要能够驱动自身不断前行的动力与信念，即自我胜任感。

自我胜任感

自我胜任感是一种相信自己有能力完成目标的信念。

人在做一件事前通常会考虑两个方面，一是潜在回报，二是成功概率。概率又分为客观概率和主观概率，其中主观概率就是自己认为能够成功的可能性，自我胜任感的影响就发挥在这个维度。

自我胜任感与自信心并不相同，自我胜任感是基于具体任务的，需要具体问题具体分析，但通常可拆分成这四大因素：第一，胜任经验，曾经有过成功的经验；第二，间接经验，看到与自己条件类似的人取得过成功；第三，社交劝导，听到别人对你说"你能行"；第四，生理信号，感知到自己在一项活动中投入的精力与时间。

从原理上说，自我胜任感改变的背后实际上是归因方式的改变。著名心理学家卡洛·戴维克（Carol Dweck）教授在学校的研究中发现了一组极为重要的自我归因方式：固定型思维和成长型思维。前者认为智商或者天赋是与生俱来的，后天无法习得，他们会觉得自己的智商已达上限，便消极怠学。而具有成长型思维的人则认为，学校课业所涉及的智商和能力完全可以通过后天努力来提高，因此会加倍努力。一旦具有了成长型思维，就不会怨天尤人，而是把改变的权利掌握在自己手里。

以上提到的三点——如何用自我生成记忆信息，如何用自我解读处理信息，如何用自我胜任感建设心态——锻炼了我们学习的大脑和奋斗的心灵。接下来，我们还要使用双手，把内在的丰富转化成外在的成果。

动手创造

动手创造，是一种主动创作可与人分享成果的学习方法，它能使人具备一种主动的造物者视角，而并非仅仅作为被动的消费者。

创造自主性能够实现学习的良性循环，人们渴望看到自己的努力有所收获。当把自己的想法付诸实践时，自然会知道哪些做法有效，哪些是徒劳的。人们也很乐于同他人分享自己的作品，从中获取他人的反馈，包括哪些受欢迎、哪些有待提升，反馈还可以进一步激励人们设立新的目标和挑战。

不少孩子在探索电脑程序时，都是从最初的试着玩玩、随便搞搞的状态，逐渐转变为潜心钻研的认真参与。一旦兴趣的大门打开，他们就会各种尝试探索，即便是面对枯燥的内容，也会更加有耐心、毅力。来自动手实践的成就感、参与感是学习的绝佳打开方式。研究显示，学生在 8 年级显露出对科学的兴趣，要比分数成绩更准确地预测他们上大学时选择科学领域专业的倾向性。

动手创造也是一种培养对失败抱以平常心的绝佳方法。在创造的过程中，失败并不是一个最终结果，只是不断变好的过程中的一个暂时状态。因此，失败应当被视为过程中有建设性的一部分，而不应当被刻意回避。

释放出脑、心、身所蕴含的无穷能量，我们还要成就彼此，通过合作来相互解锁对方身上的潜能。

倾听与共享

人类的未来充满了各种不确定性，创新是应对这些即将到来的挑战的最好方式。当创新变为一种必需品的时候，多样性的跨界合作也势必会成为一种趋势，是一种必备技能。高效的团队合作还能让每一个参与的人都共同成长，比一个人独自学到的更多。

然而实际情况中，很多人并不喜欢团队合作，可能是因为高傲的自尊心作祟，或者只是单纯的小叛逆，"我一个人做的肯定比跟他们一起做的好"。不过大多数情况下，人们之所以无法高效协作却是因为不满足以下五大要素：共享目标、共享注意力、倾听、协调、换位思考。

共享目标指参与合作的人拥有相同的目标，且愿意分享自己的想法。需要深刻地了解这一点，并且学会合理的沟通方式，比如如何提出建设性意见。

共享注意力指人们需要把注意力聚焦到同一件事物上。我们经常看到两个小孩儿在一起玩耍，但是仔细一看却发现他们在各玩各的，完全没有在合作，这就是所谓的"平行游戏"。所以，有意识地形成、保持共同的注意力也非常重要，防止各说各话——常见的例子是男女吵架。

倾听，现实情况却不甚理想，人们往往将倾听拒之门外，主要有两条原因：忙于表达自我而无暇顾及他人，或者单纯看不上他人的观点。倾听这个动作并不难，难的是能否真的听进去，这就需要克服很多心理上的障碍。通常来说，越是嘈杂的环境，安静地倾听越具有力量。

倾听也要跟随节奏，这就是下一个要素：协调。当所有人在一起讨论的时候，很容易把握不好发言的时机，要么打断别人，要么被别人抢了先机。所以，建议在合作过程中建立类似轮流发言的协调机制。随着合作人数的增加，不同角色的划分、交流机会的分配等也会变得更加重要。

最后是换位思考。合作的首要原因是能够集思广益，把一个问题考虑全面，前面四大要素都是为了辅助信息交换，而换位思考则要求人们在合作过程中充分理解他人提供信息的逻辑与动机，这会使针对问题的理解更加饱满而立体。

凑齐五大要素的合作，会是一个能够令人成长的学习机会。

（口述/丹尼尔·施瓦茨；整理/郭曼文 刘周岩）

参考书目

[美]南茜·派恩:《中美基础教育大碰撞：美国教育专家跨国调研实录》，刘静菲译，新华出版社，2015年。

[美]西莫斯·可汗:《特权：圣保罗中学精英教育的幕后》，蔡寒韫译，华东师范大学出版社，2016年。

[美]威廉·德雷谢维奇:《优秀的绵羊》，林杰译，九州出版社，2016年。

原青林:《揭示英才教育的秘诀——英国公学研究》，黑龙江人民出版社，2006年。